高函郁 文・攝影

和生活 Take a break 吧！
讓心停留在旅行時，
那個開心的自己。

沖繩過日子

打工換宿 OF WWOF

一輩子的夢想與養分

雲門舞集創辦人林懷民曾說過：「年輕的流浪是一生的養分。」這句話一直被臺灣眾多年輕人所稱頌，影響了無數人走出國外。

一生如果能有一段時間住在國外，趁著年輕多看看世界，打開視野，去過的每個地方會給自己累積東西，不管是創作的養分或跟自我的對話，都能滋養人生一輩子。我自己就是在國外打工度假兩年後，從原本的企業公關行銷職務轉作旅遊部落客及外文領隊，因為在國外工作生活的體驗而整個人生轉換，周遭有許多朋友也是如此！

很多人想像出國旅行一段時間應該要花很多錢，而且一般人比較熟知的打工度假，還有 30 或 35 歲之前及一生僅一次的限制，但是本書所介紹的 WWOOF 打工換宿，是只要你準備好沖繩來回機票和基本生活費即可出發，不管想去幾次，或每次只去 2 至 3 天也可以。不妨花個數天、數周到數個月，在度假氛圍濃厚的琉球打工換宿，每天勞動數小時交換免費食宿，體驗當地農牧場、手工藝品店、民宿、咖啡廳等工作，有機會學習騎馬、料理、潛水、民宿經營、手工藝技術及咖啡豆挑選及烹飪，最重要的是可以每天跟日本人練習對話、把日文練好，加上能跟當地人交朋友、讓日本人帶你觀光，絕對是非常吸引人的難得體驗！

作者在書中分享本身實際打工換宿體驗，非常仔細的跟大家說明什麼是 WWOOF 打工換宿，教大家如何 Step by Step 準備、執行及實現打工換宿計畫，諄諄叮嚀換宿前中後該注意的事項跟細節，還分享非常詳細的當地小旅行經驗，與之後的個人轉變跟心情轉折，可以幫想出發但尚未嘗試過的各位打好強心針！

最後分享一句話：願望，是希望某事發生；信念，是相信它會發生；勇氣，是讓它發生。如果你不起身去追求夢想，就永遠不會得到它們！祝大家都能在沖繩創造自己獨一無二的打工換宿經驗！

澳洲打工度假 / 小資旅行 / 沙發衝浪 / 背包旅行 / 自助旅行 達人

Q 娜小姐（賴彥如）

聽得見沖繩的聲音

　　世界轉動得太快，快得來不及讓我們把它看清楚。始終覺得旅行的速度和深度成正比，越慢，越深。　如果旅行是為了讓自己領受這個世界的所有不同，那必定得留下來生活。　一直以來，旅行之於我，都是買張單程機票，然後就出發，至於瑣碎的雜事就留給上帝決定，說真的，「懶惰」是最主要的因素。但，有時候也因為做足了功課，反而獲得沒做功課時得不到的驚喜，至少你知道什麼是「不要的」，然後更篤定自己要往哪裡去。跟著嘎嘎有如「當地日常筆記」的文字，還未出發，好像已經聽得見沖繩的聲音，那是三線琴混雜著啤酒瓶和海浪聲。啊，好近！最省事的一趟旅行，也許就可以從沖繩開始，啊啊啊，手滑了一張沖繩機票……我們那霸空港見？！

歐北來團隊（阿達）

作者序　偶然下的注定

　　曾經我也很害怕失敗，害怕別人對自己的評價，每分每秒都過得戰戰兢兢，總是順著他人目光來過不屬於自己的生活，無法順從自己的心，做自己想做的事情，說想說的話，那段時間的日子，可以說是人生扉頁中最黑白的一個篇章，一點也不繽紛鮮豔，是那種瀏覽到第一句，就想快速跳過的段落。

　　還記得投入職場後，每個夜深人靜時刻，我總是將枕頭疊得高高的，然後一個人躺著空想，眼前的風景數年如一日，了無新意，生活毫無變化，難道我就能甘願被困在這樣狹小的空間裡，鎖住自己？

　　最害怕的不是恐懼，是過於安逸，那會吞噬掉你的熱情，最後慢慢吞噬掉自己，時間久了你會忘記最初的那個自己。

　　就在投入職場後的一年，毅然決然決定辭職去日本打工度假，當得知簽證失敗的那瞬間，頓時覺得自己人生是黑白的，曾經有段時間相當的黑暗。

　　" If you see a shadow in front of you, don't be afraid.
　　It's because there is sunshine upon your back. "

　　人生啊，以為的充裕卻意外遇見另種風景，以為的緊迫轉瞬成為從容；旅行啊，就和人生一樣，你永遠不知道下個路口會帶你前往何方。就努力向前邁進吧，時間會給你一個合理的解答。

　　在上帝關上一扇門時，你必須得開另一扇窗，於是在網路上搜尋各種資訊，在資金有限的情況下，又想快點抵達日本生活，得符合以上條件才行，最後終於找到打工換宿的選項，正如同常常聽到的「如果你真心想完成一件事情，全世界都會聯合起來幫助你。」申請完 WWOOF 帳號後，很順利的就找到可以換宿的雇主。

　　" Nobody can go back and start a new beginning,
　　but anyone can start now and make a new ending. "

　　前往日本生活的最初或許和一開始想像的不同，我們沒有辦法改變簽證被拒絕，這個已成定局的事情，但總能找到另一個辦法前進，即使塵埃落定，也該有退稿重來的勇

氣。人生扉頁過了便不會再來，誰說只能有一本，而不能有一系列？要緊的是，那都將是專屬於自己的故事。

記不得是誰說的：不要害怕壓力，用心去品嘗，這就是夢想的重量。

在前往換宿的過程中，曾經面臨過得露宿街頭的時候，夜晚誤闖禁止通行的山上迷路，手機沒電，無法導航也無法打電話求救的窘況，但一路上的跌跌撞撞，都是成長最直接的養分，從分不清方向到懂得依循月光，在感受到孤單、寂寞甚至害怕的時候，下個路口就有親切的陌生人伸出援手。

這個世界，總是如此讓人難以捉摸。

身體力行的實踐，往往比讀萬卷書更加來得深刻，我得感謝幸運之神的眷顧，一路上遇到的朋友與貴人讓此行更加來得珍貴。數不清的故事與經驗分享，滿載而歸的收穫，此時此刻，總覺得自己是全天下最富有的人。

如小木定律 * 般，名為奇蹟的事件不過是日常生活的瑣碎罷了。人生啊，在看開後更加寬闊得渺小了。如此推論，我們應該每個月都會碰到一個奇蹟。或許是未注意到，又或者發現後卻未必採取行動。

感謝 Howard、Sachi、Yanco、ペイペイ、智文學長、一枝姐、小羽等人，還有一路上支持我幫助我的朋友，感謝主編承恩給我這個機會，感謝編輯若喬不厭其煩的叮嚀我、細心且仔細地協助我，感謝我親愛的家人與男友，給予我最大的支持與協助，讓我能有無後顧之憂的前進。

要感謝的人真的太多太多了，如果沒有你們就沒有這本書的誕生，感謝你們，感謝上帝，感謝那個堅持到底的自己。

* 小木定律：劍橋教授 Littlewood 所提出。如果奇蹟的定義是「百萬分之一發生的機率」。但其實一個人每天在外活動 8 個小時，每 35 天就會經歷一百多萬件事，就有遇到奇蹟的可能。

高函郁

CONTENTS

第 4 篇　工作結束玩耍去

第 5 篇　WWOOFree woman 有話要說

PLAN OF HUMAN

另類觀光

1

什麼是另類觀光？

　　誰說出國一定要動輒數萬元？機票不再只有臺幣一萬多的傳統航空可以選擇，旅行不再只有自由行或跟團的二選一玩法，本書將介紹另類觀光的最佳玩法：打工換宿，打破出國就必須花上昂貴旅費的迷思，提供讀者另類省錢的旅遊方式，除了一般觀光景點行程之外，還可深入當地文化，與在地人一同生活，享受最道地的料理，學習最純正的方言，製造最特別的旅行回憶。

1 2
3 4

1~2 以地底鐘乳洞聞名的普天滿宮　3 勝連城跡　4 港川外國人住宅區

你是以下這些人之一嗎？
- 想加強日文能力，卻不想補習遊學。
- 想到日本旅行，卻沒有足夠旅費。
- 想到日本生活，卻擔心找不到工作。
- 想要打工度假，卻超過簽證年齡限制的 30 歲。

旅費低廉

　　大部分打工換宿均提供免費住宿，許多雇主甚至會免費提供三餐，或是在休假日時帶你四處旅行、觀光，如此一來僅需支付臺北沖繩的來回機票，和購買伴手禮與個人娛樂花費，讓荷包有限的旅人，可以用最少的預算，享受到最極致的旅行。

日本七五三祭

¥500 的沖繩豬軟骨麵

只要 ¥60 的天婦羅

免費學習

　　參與打工換宿時，雇主均為日本當地人，不僅可以免費學習日文，還可以學到相關技能；如在農場換宿，可以學習種植農作物的知識，包含播種、施肥、採收等；在民宿換宿，可以學習旅館管理，增加以商業英、日文郵件與顧客溝通的機會；在牧場換宿，可以學習畜養動物的祕訣；在手工藝品店換宿，可以學習手工藝品編織手法，或水晶材料等相關手工藝知識；在咖啡廳換宿，則可學習如何挑選咖啡豆、烘焙、拉花等相關訣竅。

1~2 換宿的同事就是最好的日文老師　　3~4 不用花任何學費就可以學到沖繩道地料理

　　而在沖繩打工換宿的最大優點，是可以免費學習到沖繩家家戶戶皆有的樂器，三線琴；以上皆是在換宿過程中可無償學習到的專業知識，是不是超級划算呢！

觀光簽證即可

　　想到日本專門學校學習一技之長，往往價格昂貴，以學習料理為例，廚藝學校留學需要至少臺幣 100 萬的財力證明，開學日期配合學校多半在 4 月及 10 月，申請步驟繁雜，需提前半年開始準備，可謂耗時耗財又耗心力。

　　觀光簽證可以赴日旅行，單次期限長達 90 天，由於打工換宿是以勞力換取食宿，未收取任何形式的薪資，包括現金等，是另類觀光的選擇之一；由於語言不通，在入境海關詢問時，務必告知自己是「觀光」、「旅行」，若是提及打工，可能會被海關誤認為非法工作，因此為了保險起見，還是別提及「打工」、「工作」等字眼，以免引起不必要的困擾，甚至可能無法入境日本，直接被遣返回臺灣。

品嘗當地料理

可以結交來自世界各地的朋友

<table><tr><td>簽</td><td rowspan="5">　　曾有 WWOOFer 在準備入境日本時，因不熟悉 WWOOF 組織運作方式，加上語言不通，向入國審查官傳遞錯誤訊息，雖然已向海關人員解釋 WWOOFer 不會獲得任何酬勞等細節，仍然遭到遣返。而一旦留下遣返紀錄，短期內都不得再度入境日本，因此務必格外注意；詳細內容可至 WWOOF JAPAN「簽證疑問通知」查詢。
　　網址：www.wwoofjapanfortaiwanese.com</td></tr><tr><td>證</td></tr><tr><td>疑</td></tr><tr><td>問</td></tr></table>

簽證與出入境相關法規參考
日本外務省：www.mofa.go.jp/mofaj/toko/visa/index.html（日文）
日本交流協會：www.koryu.or.jp/taipei-tw/ez3_contents.nsf/12（中文）

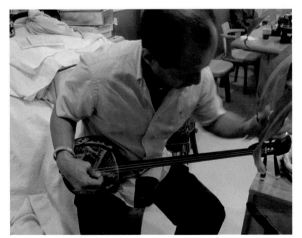
學習傳統樂器三線琴

打工換宿

　　除了能免費學習日文，還能貼近當地人的日常生活，體驗日本文化，聽在地人講述在地歷史，前往非一般觀光景點，有別於部落客分享的祕境，品嘗最原味的道地料理，不用繁雜的簽證手續，即可隨時出發，只要用些許勞力換取食宿，就可以旅居國外，製造獨一無二的回憶！

Be a WWOOFer

　　究竟想當個 WWOOFer 需要注意哪些相關事項？又有什麼條件限制？該如何挑選雇主？在哪些網站上可查詢到換宿資料？日文不好是否不能打工換宿？有哪些不可不知的換宿禮儀？跟著本篇的申請步驟，申請換宿網站會員，將日文書信範本寄給喜歡的雇主，接下來就期待出發的那天到來即可！

食宿交換停看聽

何謂食宿交換？

　　食宿交換是一種透過勞力換取食宿的方式，又可稱為「打工換宿」。志願者（WWOOFer、Helper、Worker）需到換宿地點工作、學習農作技術、體驗生活，期間不需負擔任何費用，每日工作約 3 至 6 小時不等，周休一日；雇主則提供食宿、技能等回饋，在互相信任、經驗交流的原則下，創造永續生活的概念，這中間完全不含金錢交易，意即雇主不需支付任何酬勞，而志願者也無須支付任何學費，或收取薪資等。

　　目前全球最廣為人知的打工換宿資訊平臺為 WWOOF 及 HelpX，均需至網站加入會員，登錄個人相關資訊，含護照資料、個人簡介等內容經由網站審核，部分網站在通過審核後需支付會費，才可進行食宿交換，網站內的雇主與志願者均經審核認證，志願者可至雇主清單挑選有興趣的換宿地點，主動聯繫雇主安排停留時間，申請過程中不需簽訂任何契約，停留時間依雙方配合為主，自主性相當高，短則三天，長則三個月都行！

食宿交換 VS. 打工度假

　　一般打工度假簽證均為 1 至 2 年效期，年齡上限為 30 或 35 歲，且多半一生只能申請一次，若選擇打工度假，勢必得休學或辭職，若僅停留數月返臺，則浪費簽證效期，且大多數打工度假均是拿到簽證後，至當地開始尋找工作，有可能會發生苦無工作機會，甚至流落街頭的情形；或是只能透過代辦公司，交付為數不小的費用，簽訂三個月以上

打工換宿的膠囊旅館

透過打工換取免費住宿

的契約等。

　　因此，在預算和時間有限的情況下，或已超過打工度假的年齡限制，食宿交換是最好的選擇之一。

	食宿交換	打工度假
年齡限制	無	18~30 歲
參加次數		1 次
工作類型	農牧場、搭建房屋、施放熱氣球等，種類繁多	多為餐廳、飯店等一般工作性質
停留期間	可自行決定，較為彈性	部分需簽訂合約
簽證時間	90 天（觀光簽證）	1 年
生活方式	與雇主互動多，貼近當地	僅工作，下班後需自行安排

相關網站資訊

WWOOF

　　WWOOF 是 World Wide Opportunities on Organic Farms 的縮寫，源自 1970 年代的英國，起初是為了提倡周休二日到農村體驗生活，協助有機農場生產有機作物的國際性組織，後逐漸發展成全球性網絡，截至目前為止已有數十個國家加入。各國 WWOOF 皆為獨立運作，註冊需以國家為單位，如欲前往沖繩和加拿大換宿，需同時註冊日本和加拿大的 WWOOF 網站，繳交兩次費用。

　　早期工作性質多為農牧場，地點多集中在郊區與離島等「鄉下地方」，近期工作種類遞增，不僅可體驗農牧場生活，還可接觸騎馬、料理、潛水、民宿經營等多種內容。

- **申請條件：**需先付費才可獲取雇主清單，註冊會員前可選擇和朋友一同申辦，以平均會費，或可選擇親子一同參與，寒暑假帶小朋友到當地生活，體驗另類的夏令營生活。
- **交換內容：**透過勞動換取食宿，每日工時 4 至 6 小時，雇主則提供食宿，不給薪。
- **網址：**www.wwoofjapan.com

HelpX

　　HelpX 是 Help Exchange 的縮寫，2001 年由英國背包客羅伯・普林斯（Rob Prince）創立，也是透過勞力換取食宿的資訊平臺，網站涵蓋美國、澳洲、紐西蘭、日本等多國，僅需加入一次會員，即可選擇至各國換宿，工作型態相當多樣化，如砍柴、搭建房屋、保母、語言教學、農牧場、旅館經營等。

- **申請條件：**只要年滿 18 歲即可加入會員，免費會員可建立個人資料，供已付費的雇主接洽；或可選擇付費，自行聯絡雇主。
- **交換內容：**透過勞動換取食宿，每日工時約 4 小時，雇主則提供食宿，不給薪。
- **網址：**www.helpx.net

其他相關網站

　　由於沖繩為日本離島，WWOOF、HelpX 可選擇的工作種類較多，但全球類似食宿交換的資訊平臺除了 WWOOF、HelpX 外，還有許多網站可以選擇，詳細申請條件、工作地點等，可至官網查詢。

- **Workaway**：www.workaway.info
- **Inter Exchange**：www.interexchange.org

網站使用教學

以 WWOOF 為例，準備好信用卡、護照，即可至換宿平臺登入會員。

點選「WWOOFer 申請表」

附加訊息：滑鼠點至此會有補充說明

必填項目

英文姓名：（與護照名字相同）

中文姓名：（與護照名字相同）

年齡

性別

語言

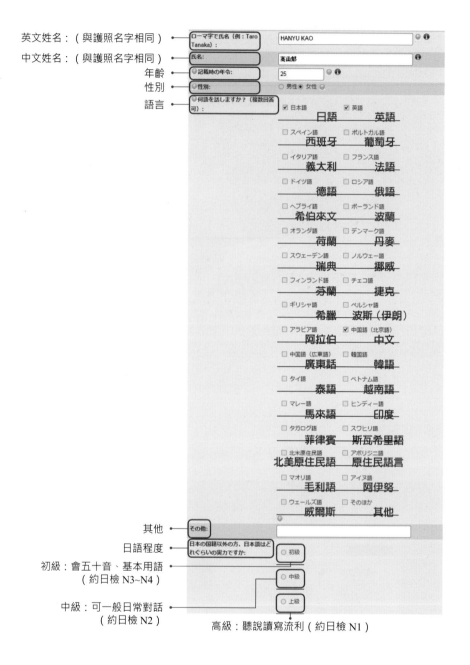

ローマ字で氏名（例：Taro Tanaka）： HANYU KAO

氏名： 高雨郜

記載時の年令： 25

性別： ○男性 ◉女性

何語を話しますか？（複数回答可）：

☑ 日本語　　☑ 英語
日語　　　英語

□ スペイン語　□ ポルトガル語
西班牙　　葡萄牙

□ イタリア語　□ フランス語
義大利　　法語

□ ドイツ語　　□ ロシア語
德語　　　俄語

□ ヘブライ語　□ ポーランド語
希伯來文　波蘭

□ オランダ語　□ デンマーク語
荷蘭　　　丹麥

□ スウェーデン語 □ ノルウェー語
瑞典　　　挪威

□ フィンランド語 □ チェコ語
芬蘭　　　捷克

□ ギリシャ語　□ ペルシャ語
希臘　波斯（伊朗）

□ アラビア語　☑ 中国語（北京語）
阿拉伯　　中文

□ 中国語（広東語）□ 韓国語
廣東話　　韓語

□ タイ語　　　□ ベトナム語
泰語　　　越南語

□ マレー語　　□ ヒンディー語
馬來語　　印度

□ タガログ語　□ スワヒリ語
菲律賓　斯瓦希里語

□ 北米原住民語 □ アボリジニ語
北美原住民語　原住民語言

□ マオリ語　　□ アイヌ語
毛利語　　阿伊努

□ ウェールズ語 □ そのほか
威爾斯　　其他

其他

日語程度

初級：會五十音、基本用語
　　（約日檢 N3~N4）

中級：可一般日常對話
　　（約日檢 N2）

その他：

日本の国籍以外の方、日本語はどれぐらいの実力ですか：

○ 初級

○ 中級

○ 上級

高級：聽說讀寫流利（約日檢 N1）

國籍：TAIWAN

是否帶著孩子一同 WWOOF：○有
　　　　　　　　　　　　○沒有

出生城市：TAIWAN

職業：沒有可選「無職」，其他則
　　　選「そのほか」

其他

參加 WWOOF 目的與動機

擁有的技能或經驗

希望從雇主身上獲得
的技能或經驗

最高學歷：中英文均可

工作經歷：簡單填寫工作敘述，
無業者可填寫上一份工作

興趣

駕照：○有　○無

駕照種類：
　　　　　○手排
　　　　　○自排
○手排、自排皆可
○不會開車

是否持有可在日本開車的許可：
　　　　　○有　○無

是否抽菸？○抽　○不抽

是否飲酒？
　　○會喝酒
　　○喝一點酒
　　○不會喝酒

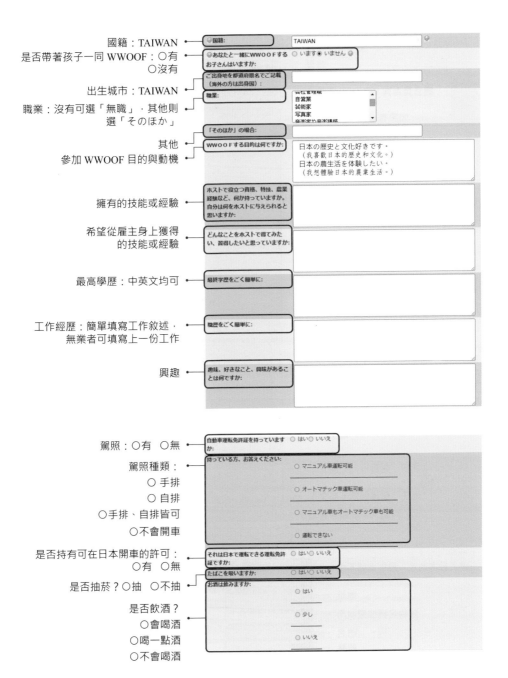

如何得知 WWOOF JAPAN ？ ● ── ○報紙 ● ── ○雜誌 ● ── ○圖書 ● ── ○電視 ● ── ○電臺 ● ── ○網站廣告 ● ── ○搜尋引擎 ● ── ○其他網站 ● ── ○朋友、家人 ● ── ○其他 WWOOFer ● ── ○雇主 ● ── ○別的 WWOOF 國家 ● ── ○ WWOOF JAPAN 認可代理人 ● ── ○其他來源 ● ── 以上項目詳細資訊 ● ──

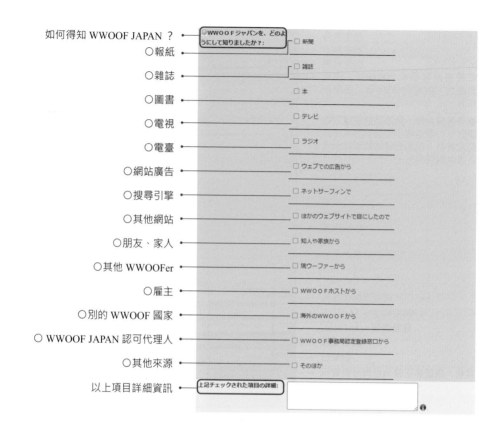

為避免忘記用戶名或密碼，請
自訂一組身分驗證問題與答案。

問題 ● ──

答案 ● ──

想讓 WWOOF JAPAN 知道的訊息

以上表格填寫均屬實（需勾選）

接受條款及規則（需勾選）

安全驗證碼：依顯示在左下空格輸
入半形英數字

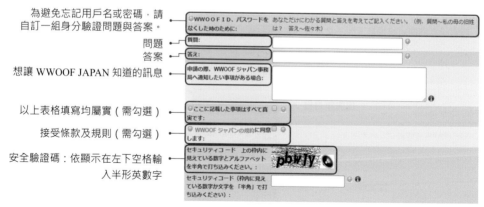

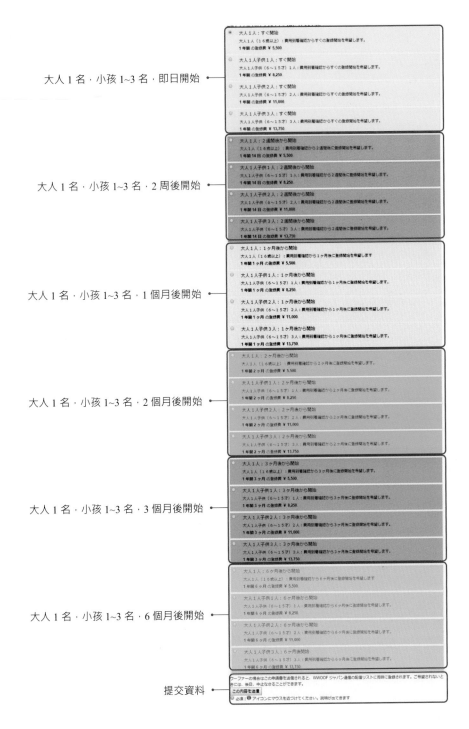

大人 1 名．小孩 1~3 名．即日開始

大人 1 名．小孩 1~3 名．2 周後開始

大人 1 名．小孩 1~3 名．1 個月後開始

大人 1 名．小孩 1~3 名．2 個月後開始

大人 1 名．小孩 1~3 名．3 個月後開始

大人 1 名．小孩 1~3 名．6 個月後開始

提交資料

提交資訊後，請至電子信箱收信

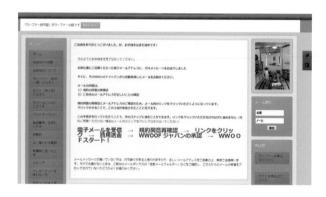

點選信件連結，登入帳號、密碼

信件連結 •

帳號 •
密碼 •

選擇付款方式，繳費完成再填寫通知單

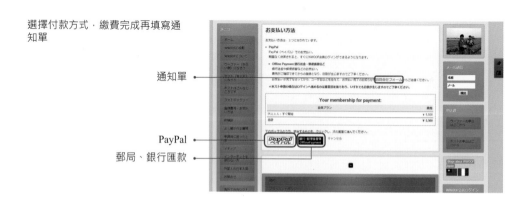

通知單 •

PayPal •
郵局、銀行匯款 •

填寫給 WWOOF JAPAN 的通知單

真實姓名 ●—————
電子郵件 ●—————
使用名稱 ●—————
選擇付款方式 (告知如何付款) ●—————

輸入 ●—————

○中文真實姓名 ●—————
○申請表上暱稱
○地址
○電子信箱
○電話
○如何付款與付款資訊
EX：信用卡付款，收據編號：
XXXX-XXXX

填入驗證碼 ●—————
送出提交 ●—————

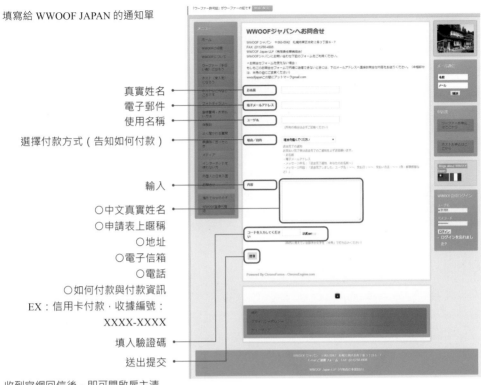

收到官網回信後，即可開啟雇主清
單，選工作去囉！

喜歡海洋的話，可以選擇在潛水公司換宿

沖繩有許多 guest house 提供打工換宿

如何挑選適合的雇主？

　　不論是使用 WWOOF、HelpX 或是 Workaway 等任何換宿平臺，註冊會員繳納所需費用後，即可登錄帳戶開始搜尋合適的雇主，在投遞履歷前，應詳細檢視換宿條約，注意雇主的背景，換宿時所居住的地方，是否供應餐食等，切勿投遞履歷後又有所變卦，以下有幾項要點，是投遞履歷前應特別注意的。

換宿場所

・地點

　　在尋找雇主前，可針對換宿地點、類型作為搜尋要件，其中包含如何抵達換宿地點？雇主是否提供接送？或應搭乘哪些大眾運輸工具前往？千萬別在與雇主聯絡許久，允諾換宿後，卻因為昂貴的交通費或無合適的運輸工具等原因，而不得不取消工作。

・類型

　　換宿類型也是主要考量的因素之一，要確切了解即將換宿的是農場還是旅館，如果對蚊蟲過敏者，則應該避免農牧場等工作；或是想要嘗試獨特工作經驗，可選擇性質較為特殊、少見的工作，如武術會館、潛水公司等。

・雇主背景

　　包含雇主家庭成員有幾位？尤其是換宿者若為女性，應避免選擇家庭成員都是男生的雇主。素食者應確認雇主是否有辦法提供，或是對食材有特定要求者，必須在事前的溝通信件上提及，避免造成彼此的困擾。如有菸酒習慣的人，也應確認是否可以抽菸或

飲酒，通常雇主不會限制，但需事先詢問。

　　投遞履歷前，應仔細檢閱雇主的自我介紹，包含年紀、出生地等個人資料，以及雇主先前從事的工作，是否旅居過國外？是否曾經當過換宿者？是否飼養寵物？這些都是快速了解雇主的方法之一，也可增加日後換宿聊天時的話題。

換宿者條件

・語言

　　如果有要求需要會日文，表示雇主很有可能不會英文，在溝通上可能會造成不便，搜尋時應注意雇主是否要求換宿者的語言能力，如需要會日文，可否使用英文溝通等，而在投遞履歷時，也可註明自己的語言能力，讓雇主能明確了解狀況。

・時間

　　除了解每日工作時數外，包含雇主可接受換宿最短期間為幾天？有無休假日等？一般工作時數都在 6 小時不等，會視情況增減，比如農場收成季，可能增加工作時數；餐廳可能是午晚各 3 小時，周休 1 日；旅館可能只工作 3 天，但一天 12 小時等，若是工作時數標示不清，可於投遞履歷時再次詢問清楚。

・其他

　　大部分雇主會提出喜歡大自然、活潑外向、獨立、合群等較為籠統的要求，但部分雇主會明確提出協助飼養寵物、照顧小孩、能接受早起等要求，通常至少會列出希望換宿者最少能停留的時間。

可事先確認雇主是否有飼養寵物？

換宿內容

・餐點

　　包含是否提供餐食？一天供應幾餐？是否需要自行烹煮或協助雇主料理？一般農、牧場、果園等均附三餐，而旅館、民宿等，可能僅含一餐，或需自理等。

・住宿

　　包含是否需與雇主同住？或能提供換宿者專用的房子。通常分為多人一間、兩人一間或獨立一間房等；住宿地點是否提供網路？居住環境為日式榻榻米或西式床墊等。

簡易中英日書信範本

中文

郵件▼　　↩　　🗎　❗　🗑　　📁▼　🏷▼　　更多▼　　〈　〉　⚙▼

撰寫

收件匣 (37)
已加星號
重要郵件
寄件備份
草稿
更多▼

主旨：申請打工換宿

收件人：雇主
寄件人：WWOOFer

您好。
我叫高函郁，來自臺灣；對於沖繩的文化、景色和料理都非常有興趣，想到沖繩打工換宿，預計停留三個月。

之前曾在石垣島的農場換宿一周、南城市玉城的雜貨店換宿一周，還有那霸市的背包旅館換宿兩周。

我曾在臺灣學習日語半年，會一點簡單的日語溝通，請問 7/6 至 7/12 是否能在您那裡換宿一周？

謝謝您的閱讀。
期待您的回信。

高函郁

◄ ▌　　　　　　　　ⅲ　　　　　　　▐

英文

郵件▼　　↩　　🗎　❗　🗑　　📁▼　🏷▼　　更多▼　　〈　〉　⚙▼

撰寫

收件匣 (37)
已加星號
重要郵件
寄件備份
草稿
更多▼

主旨：Work in Exchange for Free Accommodation

收件人：雇主
寄件人：WWOOFer

My name is Gaga. I come from Taiwan, which is close to China. I'm very interested in Okinawa's culture and local cuisine. I would like to stay for 3 months.

I have worked for a farm in Ishigaki Island（石垣島）for 1 week, grocery staff in Nanjoo city（南城市）for 1 week, and guest house in Naha city（那霸市）for 2 weeks.

I've studied Japanese for 6 months in Taiwan which has allowed me to start communicating with simple phrases.

Can I work in exchange for free accommodation for a week?（7/6~7/12）

Thank you for your time.
I'm looking forward to your kind reply.

Sincerely,
Gaga

◄ ▌　　　　　　　　ⅲ　　　　　　　▐

日文

郵件 ▾

主旨：○○○では住込みのヘルパーさんを募集いたします

收件匣 (37)
已加星號
重要郵件
寄件備份
草稿
更多 ▾

收件人：雇主
寄件人：WWOOFer

こんにちは。
私は Gaga と申します、臺湾からきました。
沖縄の文化と景色と料理が大好きですから、臺湾の仕事をやめて、沖縄へ来ました。

沖縄で三ヶ月滞在するつもりです。

この前、石垣島で一周間農場 WWOOF して、南城市玉城の雑貨に一周間働いて、那覇のゲストハウスで二周間働いて、いま は那覇のみんしゅくで働いてます。

臺湾で半年をかけて日本語を習いました，日本語はすこしわかります。
そちらで働かせていただけませんでしょうか？(7/6 ~ 7/12 一周間)
どうぞ宜しくお願いいたします。

最後までご覧いただき、ありがとうございます。
では、お返事をお待ちしております。

Gaga より

Q&A 問題集

Q：行前花費需要多少錢？

A：臺北往返沖繩機票，含換宿間的交通，不含個人娛樂與購物，可在臺幣 15,000 內搞定。

Q：加入打工換宿資訊平臺，該如何付費？

A：付款方式有相當多種，其中以信用卡線上付款最為簡便，可立即開通；若採用海外匯款，則需注意費用較高的手續費等。

Q：不適應工作，可否提早結束離開？

A：若是不適應生活，可和雇主溝通協調，由於未簽訂任何契約，原則上若是想提前或延長停留期間，只要和雇主溝通即可。

Q：我已寄信給雇主，為何遲遲未收到回覆？

和雇主一起準備餐點，增進彼此交流

較注重隱私的人，建議尋找提供個人住宿的換宿點

A：部分雇主因沒有網路，需透過 WWOOF JAPAN 代為聯繫，或是工作過於忙碌，無法
　　及時回信，基本上在送出信件後，一周內收到回覆都屬正常情況，超過一周可主動聯
　　絡 WWOOF JAPAN 官網。

Q：為什麼 WWOOF JAPAN 收費後，我卻沒得到實質上的幫助？

A：基本上換宿的整個過程需自行聯絡雇主，WWOOF JAPAN 只是提供換宿資訊的網路
　　平臺；但若遲遲未收到雇主回覆，可與 WWOOF JAPAN 反應。

Q：如果我決定前往打工換宿，需要提前多久準備？

A：若為首次申請，建議至少提前一個月開始準備，因為一開始需要時間大量閱讀雇主清
　　單與聯繫，準備情況視個人適應程度而做增減。

Q：如果我換宿的下個地點離上個地點太晚，是否可以主動要求雇主免費接送？

A：基本上食宿交換僅止於透過勞力換取食宿，雇主沒有任何義務和責任需要接送，但若
　　是對於前往換宿地點交通有任何疑問，相信雇主都會很樂意為你解答。

Q：住宿環境是否自己一間房？有沒有無線網路？

A：住宿有可能為多人房、大通鋪、日式榻榻米、小木屋等；其中有些會有室友，有時則
　　為獨自一人；網路則是部分提供無線網路，也有連網路都沒有提供，或僅有撥接網路，
　　依據各雇主狀況而定，建議前往之前，可先寫信詢問雇主。

不是每一家雇主都有提供網路

日本早餐常吃白飯，而非麵包

不可不知的換宿禮儀

　　縱使日本文化我們都略有所聞，也有可能自助旅行很多次，但實際上打工換宿和自助旅行仍有相當程度的差別，即使換宿雇主均為日本人，也有可能為了適應各雇主的生活，而產生相當大的轉變，這其中的經驗都是這趟旅程的寶貴回憶。

- **守時**：和雇主聯絡上後，請依照約定時間前往，如有急事需臨時更改行程，也立即和雇主反應，為了避免語言溝通上的誤解，務必再三確認停留時間。

- **事先了解換宿相關資訊**：出發之前，請詳讀換宿的相關資訊，包含前輩的換宿心得，需要注意的狀況等，常常會有意外的寶貴收穫！

- **換宿絕非免費的體驗活動**：雖然是用勞力換取食宿，而非白吃白喝，但仍需配合雇主的作息和工作模式，絕非任意工作一天，就想休假一天的度假模式，打工換宿並不是免費的體驗活動。

- **要幫忙，不是幫倒忙**：打工換宿是雙方互相幫助的情況下，一方提供食宿，一方提供勞務幫忙；以農務來說，有經驗的農夫比沒經驗的勞工在速度上快了好幾倍，加上語言不通，雇主常需花費更多時間及精力來解釋與傳授相關知識，WWOOFer 絕不能以「我只是來體驗，不用太認真」的工作態度來回報，你的任務是分擔雇主工作，而非增加他們困擾。

- **禮多人不怪**：建議前往換宿地點前，可帶上一份伴手禮或臺灣特產，一方面感謝雇主給予體驗機會，一方面可以增進雇主對臺灣的了解，是文化交流的最佳方法。

2

出發前必做四要事

廉價機票搶購去

　　臺灣飛往沖繩那霸機場的航空公司，除了常見的中華、長榮、國泰、全日空等航空公司外，還可以考慮票價更為便宜的 LCC 航空公司，目前飛往沖繩那霸機場的 LCC 航空為樂桃、捷星和虎航，平均票價約臺幣 5,000 至 8,000 不等，其中樂桃航空常有促銷票價，曾有下殺 980 元甚至更低的單程票價，來回票價含稅只要臺幣 3,000 元就可搞定。

各家航空資訊

	網址	電話	時間
樂桃航空 （MM）	www.flypeach.co	臺灣 +886-2-26507697	周一至周五 09:00~18:00。 公休例假日
		沖繩 +81-570-200-489	
捷星航空 （3K）	www.jetstar.com	臺灣 00801-852-015	24H
		沖繩 +81-570-550-538	
老虎航空 （TR）	www.tigerair.com/tw/zh	臺灣 +886-2-5599-2555	09:00~21:00
		沖繩 +81(0)3-3225-0036	周一至周五 10:00~17:00
中華航空 （CI）	www.china-airlines.com	臺灣 +886-2-412-9000	08:00~20:00
		沖繩 +81-988-631-013	
長榮航空 （BR）	www.evaair.com	臺灣 +886-2-25011999 0800-098-666（僅限臺灣地區）	周一至周五 08:30~18:30， 周六及國定假日 08:30~12:30。 公休周日
		沖繩 +81-988-521-500	
日本航空 （JL）	www.tw.jal.com	臺灣 +886-2-8177-7006	08:00~18:00
		沖繩 +81-570-025-121	08:00~19:00
全日空航空 （NH）	www.ana.co.jp	臺灣 +886-2-2521-1989	周一至周五 09:00~1800， 周六 09:00~17:00， 例假日 09:00~12:30。 公休周日
		沖繩 +81-570-029-709	08:00~20:00

國泰航空 （CX）	www.cathaypacific.com E-Mail：tyo_ eservice@cathaypacific.com	臺灣 +886-2-2715-2333	周一至周五 08:30~18:30， 周六與例假日 09:00~13:00、 14:00~17:00。 公休周日
		沖繩 +81-367-461-000	周一至周六 09:00~17:30。 公休周日及例假日
復興航空 （GE）	www.tna.com.tw E-Mail：ibk_ service@tna.com.tw	臺灣 +886-2-2791-3318	周一至周五 08:00~19:00， 例假日 08:00~17:00
		沖繩 +81-354-251-152	周一至周五 09:30~12:00、 13:00~17:30。 公休例假日

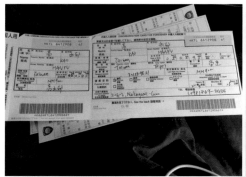

進出沖繩均需填寫入境卡

搭乘廉價航空，建議加保旅遊不便險，較有保障

何謂 LCC 航空？

　　LCC 航空為 Low Cost Carrier（低成本航空公司）的縮寫，又稱「廉價航空」。在不影響飛航安全的情況下，以使用者付費的概念，建立穩定的低成本體制，提供單純的服務，除了常見的票價、稅金外，行李托運、飛機餐、選位等機上服務項目逐一採取使用者付費的原則，包含座位大小、使用機上各項設施等均需另外收費，因此，對沒有一定要在飛機上觀看影片的消費者來說，強烈建議搭乘僅需半價的 LCC 航空；若臨時想要食用飛機餐，或增加託運行李件數等各項服務，再以加購的方式即可。

貼心小提醒　　廉價航空機票通常不可以退票與改期，所以購買前務必再三確認時間，結帳前需細讀行李規定，將票價總額加上行李費用才是最終的價格，廉價機票的行李、退票與改期的手續費往往都高於原先票價，若是行程與日期尚未確定，千萬別貪圖一時便宜！

廉價航空可選擇班次較少

樂桃航空訂票教學

準備好護照與信用卡資訊後，即可前往樂桃官網購票。

Step 1 選擇機票相關資訊，填好後按「搜尋」即可。

Step 2 若日期較彈性，可點選網頁最下方的「最低票價一覽」重新搜尋。最低票價一覽可顯示一個月的票價，選擇所希望的日期後，航班資訊會於畫面右側顯示，最下方「合計」為含稅的來回機票價格，若當月機票價格不滿意，可直接點選月分搜尋上、下個月，確認無誤後，點選下一步。

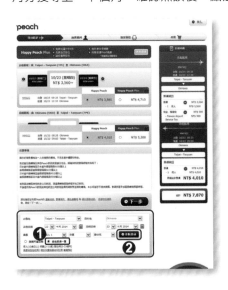

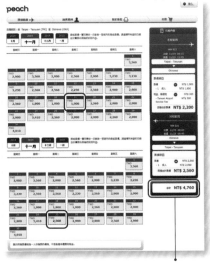

機票含稅總額

Step 3 點選日期後，可依個人需求選擇，「Happy Peach」或「Happy Peach Plus」。若時間不確定，行李較多，可選擇含手提行李 10 公斤，托運行李 20 公斤，並可免費更改日期的「Happy Peach Plus」。

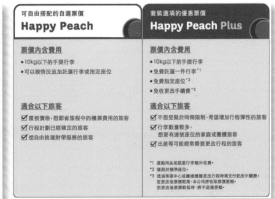

最低規格：手提行李 10 公斤

Step 4 選擇適合的專案，確認金額後，點選「下一步」。

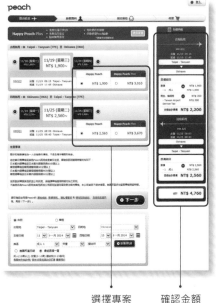

通往沖繩的廉價航空，樂桃航空

選擇專案　　確認金額

Step 5 填寫相關資料。

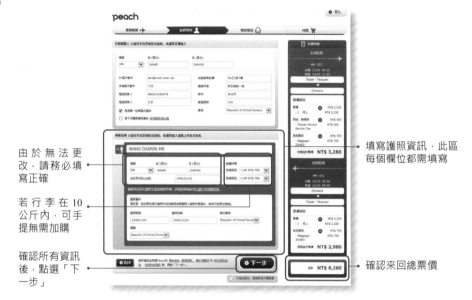

由於無法更改，請務必填寫正確

若行李在10公斤內，可手提無需加購

確認所有資訊後，點選「下一步」

填寫護照資訊，此區每個欄位都需填寫

確認來回總票價

Step 6 點選座位，會產生選位費用，若不選位，可直接點選下一步。

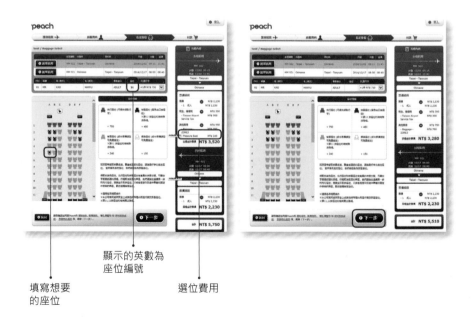

填寫想要的座位

顯示的英數為座位編號

選位費用

Step 7　填寫付款資料。

若有 Peach 點數
可折抵

填寫信用卡資訊

確認機票資訊

回上一頁修改

勾選同意條款

確認所有資訊無誤後，按
「立即購買」即刷卡完成

Step 8　列印電子機票，訂票完成。

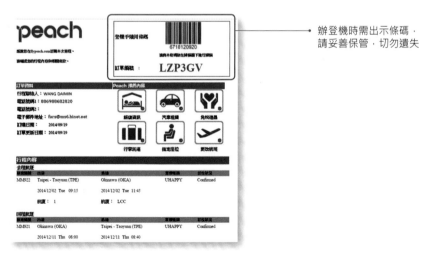

辦登機時需出示條碼，
請妥善保管，切勿遺失

退票步驟如下：

Step 1　點選訂單管理。

Step 2　輸入訂單編號、姓（英文）後，按登入。

「訂單編號」為行程確認信件
右上角的 6 位數字

Step 3　點選取消航班。

Step 4　確認退票後，點選「是」。

確定取消此航班嗎?所有航班一律不可退費。(如選擇
Happy Peach plus，可以Peach點數扣退票券費
用。需退票手續費。發行點數約需七個工作天)請在
確認Peach更改·取消·退費規定後，再進行航班取消
手續。

Step 5 注意應付費用。

此項更改手續費

Step 6 收到退票確認信,表示退票完成。

表示位子取消,即退票成功

選位小技巧　　如果早點至桃園國際機場報到,可請地勤協助讓同行親友坐一起;若在日本登機,可選擇自助報到,也可以坐在一起!

登機小訣竅　　訂票完成後可直接將「行程確認頁面」列印出來,系統會將此資訊自動郵寄到訂票時提供的電子信箱,至機場報到時,務必攜帶此頁資訊。若無法列印,可至機場的「自動報到機」輸入「訂單編號」,列印登機證即可。若是沒有有效護照與登機證,將無法辦理登機手續,請務必留意!

退票知識通　　若是「Happy Peach Plus」則無「更改」手續費,但仍然收取「退票」手續費,7 個工作天後,扣除完退票手續費,剩餘金額將以樂桃點數形式歸還,無法折抵現金。

早點登機,選位機率較高

快速打包行囊出發去

　　打包行李是出發前最重要的學問之一，即將前往短則一周，長則三個月的旅行，除了必備用品外，還需設想各種會發生的狀況，準備藥品或文件資料，可依照本篇的行李清單檢查物品是否準備齊全，運用打包小祕訣來節省行李空間，注意行李托運與手提的相關規定，如遇到行李遺失與損壞，也可依照步驟辦理理賠。

項目	∨	行前清單
證件資料		機票（去程與回程訂位代號）
		護照（有效期六個月）
		海外旅行保險單（旅平險）
		信用卡（海外提款功能）
		臺灣駕照與日文譯本（租車必備）
		緊急救難資訊
		2 吋證件照 2 張（備用）
		日幣與臺幣
		換宿資訊（地址，電話）
		WWOOF 許可證
電器用具		手機（電池、充電器）
		相機（電池、充電器、記憶卡）
		筆記型電腦（充電器、隨身碟）
		行動電源

項目	∨	行前清單
		沐浴用品（洗髮精、沐浴乳、護髮乳）
		盥洗用品（牙刷、牙膏、毛巾）
		化妝品
		卸妝品
		保養品
		行李鎖
		外套（請依季節選擇保暖度）
衣物用品		上衣：_____ 件
		長褲：_____ 件
		短褲：_____ 件
		拖鞋
		內衣褲：_____ 套
		襪子：_____ 雙
		泳具（泳衣、泳褲、蛙鏡、泳帽）
		眼鏡、隱形眼鏡、保養液
		防晒用品
		購物袋
常備藥品		個人用藥
		常備藥（腸胃、感冒、退燒、止痛）

快速打包行李小祕訣

分門別類超重要

市面上販售不少種類的收納包，可依個人需求選擇，將旅行用品分門別類，如證件、信用卡、外幣等重要資料放入證件包，個人用品則依照性質分類，放置盥洗包、衣物包、保養包、化妝包等，分門別類後放置行李箱，可避免物品散落，也方便拿取。

善用夾鏈袋分裝

將化妝與保養用品放置收納包前，善用「夾鏈袋」分裝，多層保護，避免行李運送中液體流出，如不需託運，務必分裝小瓶放置夾鏈袋中，以防海關沒收。

壽司捲法

除使用市面上販售的真空壓縮袋整理衣物外，也可善用「壽司捲法」整理，使衣服體積變小，避免衣服皺摺；將褲子與襪子捲起放置鞋中，減少空間並避免鞋子擠壓後變形；內褲可捲起放置內衣中避免變形，如有易碎物品，也可運用壽司捲法整理，避免毀損。

重物在下

放置衣物的收納包，與其他易遭擠壓的輕便物品，放置行李直立時的上方空間，可避免擠壓，較重的物品則放置行李直立時的下方空間。

實用小祕訣

· 盥洗、沐浴用品等生活用品，可在日本購買適合沖繩氣候使用，有分天或是一周使用的旅行組，除了節省重量外，還能夠嘗鮮，一舉兩得。

· 建議選擇易洗、快乾且搭配性高的衣物，善用圍巾、帽子等不占空間、且可拿來包易碎物品的配件，增加變化性，有畫龍點睛的效果。

· 旅行三寶：夾鏈袋、塑膠袋、寶特瓶。夾鏈袋可分裝液體，避免漏出，塑膠袋可分裝髒衣物或當購物袋使用；由於沖繩的水可以直接生飲，如特殊用水無法生飲會特別註明，故前往餐廳或換宿時，可自行攜帶保溫瓶或寶特瓶。

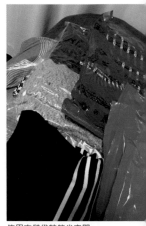

使用夾鏈袋較節省空間

海關規定

手提行李

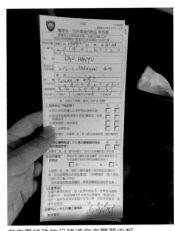

若有帶特殊物品請填寫海關單申報

- 飛航安全檢查規定，手提行李中液體及噴霧類物品不得超過 100 ml，如食鹽水、乳液、防晒噴霧等，均需分裝或放置托運行李。
- 手提行李件數與重量，依照各航空公司規定辦理，如樂桃航空限定一人手提兩件行李，重量加總不得超過 10 公斤，尺寸之長寬高總和不得超過 115 公分。

托運行李

- 托運行李件數與重量，依照各航空公司規定辦理，部分航空需額外加購托運行李，如樂桃航空，限定托運行李不得超過 20 公斤，20 至 32 公斤則比照超重行李辦理，需額外支付行李超重費；機場櫃檯只接受信用卡付款，無法選擇現金交易。
- 鋰電池、行動電源等不得放置托運行李，需放置手提行李隨身攜帶。

行李遺失或損壞相關處理

行李遺失

　　如在機場航廈內或機艙內遺失物品，可洽詢各機場服務處，或直接以 E-mail 聯繫窗口詢問，信件內容記得註明遺失物品名稱並詳述，且留下遺失者聯絡電話與姓名，供航空公司與你聯絡。

- 樂桃航空 E-mail 信箱：kixcbs@flypeach.com
- 信件主旨：【遺失物品協尋需求】航班編號 / 日期，遺失物品名稱

行李損壞

　　若在行李轉盤找不到自己的托運行李，可至服務處詢問，很可能是在行李運送過程中，航空公司不小心損壞行李，移交服務處辦理行李賠償手續；若是領取行李時發現受損，也請直接洽詢服務處。

WWOOFer 旅費大公開

　　聽說日本消費是臺灣三倍之多，那究竟前往沖繩打工度假，需要準備多少旅費呢？本篇詳細列出往返沖繩的來回機票，含換宿間的食宿、交通、娛樂花費等，讓預算有限的人，在出發前能有概略的了解。

交通

廉價航空是國際航線好朋友

　　從 2013 年 9 月加開臺北到沖繩的樂桃航空，平均來回機票含稅僅需臺幣 5,000 元，加上時常有促銷時段，運氣好的話，僅需臺幣 3,000 元就能買到來回機票。由於票價是波動的，即將前往沖繩打工換宿的人，可於出發日期前約三個月左右，密切注意票價，時常會有同天同張機票竟有三種價格的情況發生，結帳前不妨再另開視窗重新整理頁面，機票或許會更便宜也說不定。

提前預定是國內線的不二法則

　　沖繩大大小小的離島相當多，若是前往石垣島、宮古島、西表島等較大島嶼，只能搭乘飛機前往，建議和雇主確認時間後，立即訂購日本國內航線的機票，越晚買票價只會越昂貴！國內線機票可提前兩個月預定，利用日本國內機票比價網，查詢優惠價格，以那霸往返石垣島的航線為例，平均單程票價在 ￥8,000 至 10,000 不等，若提前預定可買到 ￥5,000 左右的價格，足足少了一半呢！

大眾運輸

　　如果選擇在那霸市區換宿的話，可利用電車或是巴士前往換宿地點，若換宿地點較遠，則可搭乘電車至旭橋站的巴士總站，轉成長途巴士，

> **INFO** 日本國內機票比價網站
> きっぷっぷ：kippuppu.com
> 空探網：www.travel.co.jp/soratan
> 國內線 .com：www.kokunaisen.com

詳細資訊可至巴士網站參考。

‧ 巴士

　　沖繩巴士分為那霸市內線與市外線，市內線一律由前門上班，後門下車，票價均為¥230，由於車上均為日語廣播，建議上車前出示路線地圖詢問司機，請其告知下車站。

沖繩巴士

　　搭乘那霸市外線巴士，上車前需先抽整理券，下車前對照車資顯示器，依照整理券的號碼給予車資，下車前務必記得按下車鈴。

‧ 單軌電車 (Yui-Rail)

　　分為單程購買，或可購買一日券 ¥700，二日券 ¥1,200 無限搭乘，時間是由購買票券起算 24 小時或 48 小時，以 6 月 7 日下午 1:00 購買一日券為例，則可使用到 6 月 8 日的下午 1:00。

‧ 計程車

　　沖繩的計程車較日本本島便宜，起跳價為 ¥480 至 500，每次跳表為 ¥60，15 分鐘車程的價格為 ¥1,000 左右；部分計程車提供觀光包車，價錢可議。

沖繩船的種類很多

‧ 船

　　往來沖繩周邊主要離島的碼頭是泊港，包含阿嘉島、慶留間島、嘉敷島、久米島、粟國島、南大東島與北大東島等，入口處有每個月分的航船表，港口一樓有設置行李櫃、便利商店與售票口；二樓則為餐廳。船分為高速船與一般輪船，行駛速度與價格不同，由於每日班次有限，建議提前預約。

> Ⓘ 地址：沖繩縣那霸市前島 3-25-1
> Ⓝ 電話：098-861-3341
> Ⓕ MAP CODE：33187338*08
> Ⓞ 網址：www.tomarin.com

種類	搭乘人數	船程（分）	登船處	班次	費用
輪船	380	90~120	5 號碼頭	2 班 / 天	單程 ¥2,120 來回 ¥4,030
高速船	200	50~70	6 號碼頭	2~3 班 / 天	單程 ¥3,140 來回 ¥5,970

換宿生活費

　　沖繩來回機票臺幣 5,235 元，加上換宿五家的生活費近臺幣 5,400 元（￥21,152），加上個人娛樂花費，約莫臺幣 15,000 元就綽綽有餘了！如果預算有限，可選擇提供免費食宿，這樣僅需負擔臺北到沖繩的來回機票即可，是荷包有限的最佳選擇。

　　大部分換宿地點均有提供餐點，建議前往換宿前可先和雇主確認工作內容、工作時數、休假天數與是否提供三餐等細節；若是前往農場等換宿，務必記得詢問是否提供雨鞋、手套等工作用具，免得到當地又有一筆額外花費。若換宿地點未提供餐點，多半都有提供廚房可供烹煮，可至鄰近的超市、百元店或價格低廉的蔬果店，購買百元料理包與簡單蔬果。超市即將打烊的一小時前，常有半價品促銷，每周也都有特定減價食品，如周一是牛奶日，周二為麵包日等，建議前往超市採買前，可詢問雇主超市減價時段，不但節省荷包還可增進自己的日文呢！

換宿	花谷農園	ゲストハウス パラダイス	草木染	たつや民宿	STAR CAPSULE
性質	農場	背包旅館	手工藝店	民宿	膠囊旅館
交通	沖繩 ↔ 石垣島來回機票￥12,000	機場 ↔ 背包旅館電車￥300	巴士￥710	雇主接送，免費	步行民宿 ↔ 膠囊旅館
食宿	均由雇主提供	皆自炊，偶而雇主請客	均由雇主提供	均由雇主提供	皆自炊，偶而雇主請客
小計（￥）	12,000	4,056	710	0	4,386
總計（￥）	21,152				

手機

　　國際航廈可免費租借手機，撥打電話時才收取費用，租借時需有信用卡，因為通話費是直接由信用卡扣除，可選擇是否加買手機失竊保險，由於保險是以天數計算，若租借天數較長，保險費相當於買新手機的費用，因此建議自行妥善保管即可。

　　想使用網路除了在臺灣先租借好 Wi-Fi 分享器之外，也可選擇至國際航廈販賣機購買網路預付卡，價格較 Wi-Fi 分享器低廉，也可分享熱點給朋友，若是流量用完再買加值卡儲值即可。由於沖繩屬日本離島，網路和日本本島有相當大的差異，建議在臺灣租借Wi-Fi 分享器前，務必確認此機型在沖繩的收訊是否良好。

指指點點日語通

日常用語

中文	日文（羅馬拼音）
早安	おはようございます。（ o ha yo u go za i ma su ）
晚安	こんばんは。（ ko n ba n wa ）
晚安（睡覺）	お休（やす）みなさい。（ o ya su mi na sai ）
你好嗎？（打招呼）	お元気（げんき）ですか？（ o ge n ki de su ka ）
多少錢？	いくらですか？（ i ku ra de su ka ）
不好意思	すみません。（ su mi ma se n ）
對不起	ごめんなさい。（ go me n na sa i ）
什麼意思呢？	どういうことですか？（ do u i u ko to de su ka ）
請稍等一下	ちょっと待ってください。（ cho tto ma tte ku da sa i ）
這樣可以嗎？	これでいいですか？（ o re de i i de su ka ）
不用了	けっこうです。（ ke kko u de su ）
	もういいです。（ mo u i i de su ）
我開動了	いただきます。（ i ta da ki ma su ）
我吃飽了	ごちそうさまでした。（ go chi so u sama de shi ta ）
謝謝	ありがとうございます。（ a ri ga to go za i ma su ）
不客氣	どういたしまして。（ do u i ta shi ma shi te ）
真的嗎？	ほんとうですか？（ ho n to u de su ka ）
歡迎光臨	いらしゃいませ。（ i la si ya i ma se ）

中文	日文（羅馬併音）
再見	では，また。(de wa, ma ta)
	じゃ，またね。(Ja, ma ta ne)
辛苦了	おつかれさま。(o tsu ka re sa ma)
我回來了	ただいま。(ta da i ma)
您回來啦！	おかえり。(o ka e ri)
請告訴我您的電話號碼	でんわばんごうを教えてください。 (de n wa ba n go u o o shi e te ku da sa i)
打擾了 (進門時說)	おじゃまします。(o ja ma shi ma su)
打擾了 (離開時說)	おじゃましました。(o ja ma shi ma shi ta)
初次見面請多照顧	はじめまして。(ha ji me ma shi te)
多謝您長久以來的照顧	いままでおせわになにました。 (i ma ma de o se wa ni na ni ma shi ta)
	いままでありがとうございます。 (i ma ma de a ri ga to u go za i ma su)

星期

中文	日文	漢字
周日	にちようび	日曜日
周一	げつようび	月曜日
周二	かようび	火曜日
周三	すいようび	水曜日
周四	もくようび	木曜日
周五	きんようび	金曜日
周六	どようび	土曜日

月分

中文	日文	漢字
一月	いちがつ	正月 (しょうがつ) / 睦月 (むつき)
二月	にがつ	如月 (きさらぎ)
三月	さんがつ	弥生 (やよい)
四月	しがつ	卯月 (うつき)
五月	ごがつ	五月 (さつき)
六月	ろくがつ	水無月 (みなつき)
七月	しちがつ	文月 (ふみつき)
八月	はちがつ	葉月 (はつき)
九月	くがつ	長月 (ながつき)
十月	じゅうがつ	神無月 (かんなつき)
十一月	じゅいちがつ	霜月 (しもつき)
十二月	じゅにがつ	師走 (しわす)

方向

中文	日文
上	うえ
下	した
左	ひだり
右	みぎ
前	まえ
後	うしろ
旁邊	よこ
近	ちかく
隔壁	となり
東	ひがし、とう
南	にし、せい
西	みなみ、なん
北	きた、ほく

數字

中文	日文
1	いち
2	に
3	さん
4	し / よん
5	ご
6	ろく
7	しち / なな
8	はち
9	きゅう
10	じゅう

WWOOFer
之旅

3

花谷農園

　　從小就嚮往在大自然生活一陣子，所以選擇以農場為首站；加上想增進自己的日語會話能力，所以選擇雇主均為日本人的農場；最後一個原因是，幾年前曾去過石垣島的川平灣，一直念念不忘，想要再次造訪那個人間仙境。

1~2 念念不忘的川平灣　　3 川平灣旁還有許多道地伴手禮店　　4 午休時間最常躺在這裡，晒太陽睡午覺

①②
③④

1 車子旁的小屋是換宿者的房間　2 小幫手的寢室是兩人一間的小木屋　3 樹旁的鞦韆是看夕陽的最佳位置
4 石垣島的天空總是一片晴朗

換宿資訊

時間	一周
地點	石垣島．石垣市
換宿類型	農場
名稱	花谷農園
職稱	農場小幫手
內容	搭建屋頂、除草、插竹子、播種、灌溉
住宿到工作距離	農場女主人開車 10 分鐘
如何前往換宿點？	自行搭飛機至石垣島，雇主接機
換宿內容	食宿免費

1 友子小姐與達郎先生其實已經是爺爺奶奶了呢！　2 達郎先生煮的美味沖繩麵
3~4 就連住家旁的花與樹，也都是達郎先生一手種植的

主人描述

　　花谷農園是達郎先生和友子小姐一手建立的心血，他們都是在石垣島長大，由於石垣島是整個沖繩僅次於沖繩島和西表島的第三大島，島上資源相當豐富，達郎先生和友子小姐大部分都在石垣島從事登山、賞鳥、游泳、釣魚等休閒運動，就連沖繩島也是好幾年才去一次。

男主人　達郎先生

　　達郎先生是典型的日本男性，第一眼看來相當嚴肅，不苟言笑，鮮少與人交談，但在嚴肅的外表下卻有一手好廚藝，每天的三餐皆是達郎先生料理，且對於農業十分在行

1 友子小姐帶我來超市採買零食　2 友子小姐提議去伊原間線看風景，於是我們準備了日式便當
3~4 石垣島的天空總是如此地湛藍

的他，了解許多花卉植物的知識，白天在工作時，一邊教導我該如何使用器具，一邊告訴我使用此器具的原理為何，但是日文能力欠佳的我，總是一知半解的，聽不是很懂，只能頻頻點頭微笑，稱讚達郎先生很厲害。

女主人　友子小姐

　　友子小姐是位笑容可掬的和藹母親，從在機場見面的那一刻起，就一直對我相當照顧，而且因為我的日文能力不好，她也盡量使用簡單的日文和英文單字與我溝通，每當我有不會的日文單字向友子小姐請教時，友子小姐都會停下手邊工作仔細教導我，包含發音，如何書寫等，笑容可掬的友子小姐和不苟言笑的達郎先生是非常恩愛的日本夫妻，平常對工作表現得相當熟練與拿手的他們，完全看不出來已經 60 歲了呢！

1 2
3 4

1 每天載我們去上班的「小白」　　2 工作環境
3 拔除雜草雖然簡單，但室內溫度高達攝氏 38 度　　4 需要爬梯子才能將塑膠布鋪到棚架上方

工作環境

　　花谷農園共有 3 個區域，10 個棚架，早餐用畢後，達郎先生就自行開車前往農場工作，友子小姐則會等到早上 7:00 後，再開車載我們前往工作地點。

　　由於工作期間屬於秋末將近冬天，工作內容是用塑膠布為農舍鋪上一層衣服，也會為土壤鋪上一層保護，避免植物受寒，導致收成不佳。沖繩的秋天依然酷熱，在塑膠布包圍下的農舍形成密閉烤爐，往往不到 10 分鐘就汗流浹背，此時友子小姐總會不斷詢問「還好嗎？」、「需要出去喝點水嗎？」在農舍工作約莫 15 分鐘就會出去外面透氣，喝口水休息。

　　雖然只是將農舍穿上塑膠布的衣服，但由於面積過大，重量需要至少兩位男生同時

1 需要用鐵絲加以固定　2 鋪好塑膠布的農舍　3 每天上班前必經的小路　4 下雨天則在室內澆水，移植盆栽

協助才能完成，女生則在兩旁用鐵絲加以固定，一個棚架大約需要 25 至 30 個鐵絲，工作內容看似簡單，但執行起來可是需要一定的體力，往往一個上午流的汗就可以讓整件工作服徹底溼透。

鋪完塑膠布的衣服後，再來是用類似錫箔紙的布為土壤鋪上保護膜，用竹子加以固定，在花谷農園所使用的都是有機材料，種植過程中不噴灑農藥，也未含任何化學藥劑，若是遇到當天下雨，或是下午太陽較為酷熱，則會轉往住家旁的室內棚架工作，先將農業批發場買來的種子盆栽，依序整齊排列在籃子上澆水，再將先前灌溉已長大的種子盆栽移到較大的容器；或是鋪平培養土，再放入剛購買的種子；室內工作不外乎就是播種、移植、澆水，和戶外工作比起來較為輕鬆。

一天作息表

06:30	早餐時間（需洗碗）
07:00	開始工作
09:30	點心時間
09:50	繼續工作
11:30	午餐時間
13:00~15:00	午休時間，可回小木屋休息，或自行出門到附近散步
15:00	開始工作
16:00	休息時間
16:20	繼續工作
17:00	工作結束
17:00~18:30	自由時間，可選擇看書或盥洗
18:30~19:30	晚餐時間
19:30~21:00	聊天時間
21:00	各自回房

工作型態

農場小幫手

　　由於第一次前往農場，對每一項工作內容都充滿好奇，覺得新鮮，加上在花谷農園可以學到如何播種、施肥、移植等知識，達郎先生還對賞鳥、生態觀察頗為在行，可以認識很多動植物呢！若是在收成的時候來換宿，可是有滿滿的花卉植物等著採收，友子小姐說由於花谷農園都是採用有機種植，以人力取代機器，收成的時候特別忙碌，更需要我們這些小幫手協助。

農產採購

　　平均一周一天，友子小姐會開車前往農業批發場購買相關物品，像是工作時的手套、鋤刀，或是有機肥料、培養土、種子盆栽等物品，小幫手只是跟著過去參觀而已，購買後的商品都會由批發場的壯丁搬運。

1 尚未搭建農舍的農田　2 用網子固定才能使農作物筆直的向上成長　3 批發場內有販售各種農業工具
4 去批發場採購時，友子小姐順道帶我去參觀有名的藍海大橋

碗盤清潔

　　除了到農場幫忙及採買器具外，三餐飯後的碗盤清潔也是工作項目之一。每天達郎先生都會準備不同的食材，住在這的一周，沒有一餐的料理是相同的；蔬菜都是自己種植的，不含任何農藥，就連清洗碗盤都使用天然菜瓜布，而不用有化學藥劑的洗碗精，水果皮與廚餘則會倒入旁邊的小河餵魚吃，友子小姐說每一項食材都是取自大自然，還之大自然，這樣才能創造永續的生態環境。

　　因為這是第一次在農場工作，雖然工作服每天都沾滿了泥土，身上總是有滿滿的汗味，但或許是因為這麼靠近大自然，心情總是不自覺放鬆起來，這可是在都市長大的我從未有過的美好經驗呢！

1 2
3 4

1~2 臺灣人農業紀念碑，由琉球華僑協會建立　3 有三個洗手臺的超大廚房　4 大家紛紛開始夾自己喜愛的料理

特殊經驗

交流大會

　　每月最後一個周五，石垣市上的居民都會舉辦一場交流活動，每個家庭需帶一道菜前往分享，諸如點心、菜餚、湯品、主食等，不限種類，在花谷農園換宿一周的我，很幸運地遇上這次交流會。

　　聚會的平房內有一間交誼廳和一間廚房，交誼廳分為三個區塊，男生都圍在一起開始談論時事，女生則開始談論小孩，及最近哪裡開了新超市，小朋友則是在吃飽喝足後，就開始玩起鬼抓人的奔跑遊戲，整間交誼廳鬧哄哄的。由於我是生面孔的關係，友子小姐將我介紹給大家認識，早期的石垣島農業技術沒有很純熟，據說是臺灣先民飄洋過海，將農業種植的技術引進石垣島，島上農業才開始茁壯起來，為此石垣島居民還特別立了

1 廣場上滿滿的人潮　2 章魚燒與串燒總是大排長龍　3 可看到許多農家的自製產品　4 來到石垣島必嘗的石垣牛肉

一座臺灣人農業紀念碑。在交流會上，年紀稍長的長輩都會臺語，聽說因為臺灣距離石垣島相當近，小時候爺爺就帶全家搭船跑來石垣島定居，所以臺語是從小就會的語言，但因為石垣島上的居民多半用日文溝通，所以臺語太久沒講，就不「輪轉」了。

　　在吃飽喝足後，女生開始收拾桌面，清洗碗盤，將交誼廳恢復成原本的模樣，男生則是人手一瓶沖繩啤酒，繼續談論未完的話題，完全沒有要起身幫忙清理的意思，那是我第一次見識到日本根深蒂固的性別傳統觀念！

石垣島祭典

　　某次休假時，友子小姐提議帶我去參加石垣島祭典，在廣大草原上有各式各樣的攤販，販售餃子、炒麵、燒烤石垣牛肉串，還有些農家會帶自製的農產品前來販賣，像是

大家紛紛在草原上坐下，欣賞表演　　　　　　　　　　　　餃子也是祭典時常見的食物之一

果醬、甜點、炸物等，花農則會帶自己種植的盆栽，或是手作家具裝飾品、乾燥花、書籤等，光是攤販就可以逛好上一陣子。

　　由於日本沒有邊走邊吃的習慣，通常大家會先排隊購買自己想吃的食物，採買種類越多越好，然後人手一罐啤酒，就在草原的中央坐下野餐，欣賞前方舞臺的傳統表演，有些爸媽會帶小朋友出來野餐，有些則是公司同事一同聚餐，不論是哪種聚會模式，都能促進感情交流，因此這裡是相當受歡迎的場所之一。

工作心得

　　還記得一開始抵達石垣島時，拖著沉重行李的我，帶著一顆忐忑不安的心，揣測不知即將迎接我的友子小姐會是怎麼樣的人物？

　　出了石垣島機場後，戴著漁夫帽，笑容可掬的友子小姐就前來和我打招呼，那時友子小姐全身散發著親切又溫柔的氣息。達郎先生和友子小姐對在都市長大的我相當照顧，由於日語能力不是很好，友子小姐總是一而再，再而三的細心教導，不時搭配動作的比手畫腳，示範一次完整內容給我看，確認我點頭理解後，才繼續下個步驟。即使花費許久卻還是做錯，友子小姐也會笑笑地說：「沒關係，再來一次」。

　　不擅農活的我，在換宿的一周中其實幫不上什麼實質性的忙，比較像是體驗農場夏令營的感覺。從播種、翻土、移植到灌溉的每一過程，達郎先生都會仔細的說明每項步驟的緣由，解釋為什麼要有這項步驟，友子小姐則是在旁負責翻譯，用較為簡單的日文重複工作內容，親自的示範一次給我看，如果還是不了解，可以直接詢問友子小姐，她會一直耐心的解釋到清楚為止。

1~2 沖繩的天氣每天都是藍天白雲　3 午休時間，友子小姐帶我去兜風　4 友子小姐友人的咖啡廳，風景超美麗

　　在花谷農園規律地生活，少了城市的紛擾，不僅早起，也養成午休的習慣，學會用天然的清潔劑取代化學洗碗精，在這裡沒有網路訊息無限轟炸，抬頭可以看到滿天星空，踏出家門就可以體驗書本上才會出現的蟲鳴鳥叫，閒暇之餘還能在鞦韆上玩耍，伴著夕陽期待達郎先生準備的豐盛晚餐，如此的愜意生活，是觀光客無法體驗到的美好回憶。

貼
心
小
建
議

- 客廳有撥接網路，晚上 9:00 後需回小木屋各自休息，建議可帶些書籍消磨時間，住宿地方應有盡有，工作裝備如雨鞋、手套、工作服等，農場均有提供。
- 結束換宿後，友子小姐會拿留言本讓花谷農園的換宿者填寫，可以放一張自己的照片、或是臺灣的明信片等，貼在留言本上。

農場有準備拖鞋、工作鞋

ゲストハウス　パラダイス
Guest House Paradise

　　以往自助旅行的住宿首選都是價格低廉的背包旅館，旅館員工和客人均來自世界各地，常常可在交誼廳和廚房結交許多朋友。那時就曾幻想，如果能在這樣的工作環境下，認識來自世界各地的朋友，應該會是件很幸福的事情吧！

換宿資訊

時間	三周
地點	沖繩，那霸市
換宿類型	背包旅館
名稱	ゲストハウス　パラダイス
職稱	清潔人員
內容	打掃每日退房房間
住宿到工作距離	住旅館提供的多人房
如何前往換宿點？	自行搭電車至美榮橋站
換宿內容	住宿免費，附白米與一餐料理包

主人描述

　　在背包旅館常會看見一位無論一年四季均穿短褲涼鞋，總是在清洗打掃，臉上常掛著親切笑容的中年大叔，他就是旅館老闆，瑞慶山先生。

　　瑞慶山先生是一位相當典型的沖繩人，擁有沖繩人熱情、爽朗與豪邁的個性，年輕時玩過搖滾樂，曾經出過六張單曲，還曾是沖繩最大規模「Orion 啤酒歌唱比賽」蟬連三周的冠軍，據說年輕時還享有沖繩的「福山雅治」稱號。

　　與前妻育有三個小孩，和現任妻子也有兩個孩子的瑞慶山先生相當顧家，他認為男人就是應該要擔任家庭支柱的角色，扛下經濟重擔本來就是男人的責任，所以在旅館內常會看見瑞慶山先生忙進忙出。若是當日退房數較多，或工作時間超過中午 12:00，瑞慶山先生就會帶我們去附近餐廳打打牙祭，慰勞今日辛苦的工作。對待員工如同自己家人

1 換宿第二站，背包旅館　2 背包旅館旁邊的街道相當美麗　3 左邊數來第三個，頭髮最多的是年輕時的瑞慶山先生
4 右一是擁有搖滾靈魂的瑞慶山先生

　　的瑞慶山先生，臉上總是掛著豪邁的笑容，從未有老闆的架子，若是不小心犯了錯，也總是說：「慢慢來，沒關係，多做幾次就會了。」不曾大聲斥責我們的他常說：「來到沖繩就是要放慢腳步，慢慢來，就對了。」

　　每個月有兩次的員工聚會，瑞慶山先生會請一樓餐廳老闆準備許多沖繩佳餚給我們吃，還有啤酒、零食無限供應，在聚會中瑞慶山先生常會分享沖繩的歷史，和許多經營旅館的有趣故事。

1 2
3 4

1 瑞慶山先生帶我們體驗船員自助食堂　2 全部採取自助式，平日中午一個人只要￥600　3 碗盤區
4 女生房共有 18 個床位

工作環境

　　旅館共有三層樓，四間房，四間廁所，一間廚房，一個洗衣場。三樓的房型分別是
一間日式榻榻米和一間西式雙人床，裡面均有冰箱、電視、冷氣等電器，還有一間共用
的衛浴設備。

　　二樓則是有櫃檯和公共交誼廳，及兩間多人房，依據性別分男生和女生房，女生廁
所在房間內，男生無法進入，男生廁所則在櫃檯旁；晚上 10:00 過後女生房會鎖門，鑰匙
則在櫃檯可自取；交誼廳有付費小置物櫃，員工可免費使用，公共區的電腦與旅遊資訊
均可免費參閱。

　　背包旅館的頂樓是公共晒衣場，上面鋪滿人工草坪，是每次聚會後我們最愛前往的

1 只有開放式的櫃子，供房客與員工放置行李　2 上鎖置物櫃是給房客租用，衣架則可免費使用
3 每天工作完，可至櫃檯領一包料理包　4 自己製作的美味午餐

祕密基地。一樓一邊是開放式廚房，老闆辦公室及洗手間，另一邊則是投幣式洗衣場，及室內腳踏車停車場。廚房附有電鍋、冰箱、微波爐、可攜帶式瓦斯爐、料理用具及調味品等，員工及房客均可免費使用，員工還可免費使用白米，櫃檯則有無限供應的飲料及料理包，冰箱則常有老闆慰勞我們的點心、披薩等食物。

　　洗衣場採 24 小時自助式，有投幣式洗衣機及烘乾機，免費提供洗衣粉，旅館也提供租借腳踏車的服務，員工則可免費使用。

1 女生房的淋浴間　2 自己製作的美味午餐　3~4 附網路的咖啡廳，還有自習室和雜誌書籍可免費參閱

一天作息表

10:50	簡易會議
11:00~12:00	打掃（共四間房，兩間多人房，一間是日式榻榻米，一間雙人房）
12:00~	自由時間

工作型態

　　換宿員工分為清潔人員與櫃檯接待，固定一個月可以休假四天，也就是一周可休息一天，班表會貼在櫃檯牆壁，員工可自行劃假，若想要連續休假，僅需跟配班的同事商量好即可。

1 偶而下班會和同事相約去吃拉麵　2 享用美味的早餐，是工作前最重要的事情　3 沖繩街道總是有許多自動販賣機

櫃檯接待

　　櫃檯接待需連續上班 12 小時，採輪班制，上班時候僅需將旅館電話放在身邊，隨時接聽電話與收發郵件即可，可自行上網，或去廚房煮飯、吃東西。由於櫃檯接待需語言良好，日文基本要求是能接聽電話等一般日常生活會話用語。

清潔人員

　　每天早上 10:50 在櫃檯集合，櫃檯人員會列出今日退房總數，每日除了需要整理退房的床鋪，補齊備品，浴室清潔，拿吸塵器吸地板，擦拭化妝臺、洗手臺與桌子。三樓的電器用品均需擦拭過，公共區域也必須每日清潔，如一樓的廚房，清洗垃圾桶，擦拭

1 有次同事提議煮火鍋，於是去超市買了特價肉品　2 每個月 21 日 Blue Seal 冰淇淋有買一球送兩球的活動
3 中文歌詞上還有片假名，方便日本人歡唱　4 老闆 K 歌，我們使勁拍照搞怪

洗衣場的機器，整棟旅館的樓梯均需清掃、拖地等，由於清潔人員約有 5、6 位，換算下來，每日工作時間大約 2 小時即可，相當輕鬆。

特殊經驗：員工聚會

　　在背包旅館換宿三周的我，很幸運的遇到三次員工聚會。每次只要有新員工加入，老闆就會舉辦歡迎會，為大家介紹新來員工，讓新進員工能快速和大家熟絡；當有員工即將結束換宿時，老闆也會舉辦歡送會，以回味過去這段日子的相處，預祝即將離開的員工一帆風順之類的；若近期內都沒有新進員工或有人離開，老闆也會舉辦員工派對，促進員工之間的交流。

1 員工聚會總是有吃不完的美食與喝不完的啤酒　　2 在日本也可以點唱中、英文歌　　3 飲料無限暢飲　　4 卡拉 OK 內可點餐

　　有一次員工聚會舉辦歌唱大賽，讓我有了第一次在日本唱卡拉 OK 的特殊經驗。日本的點歌方式是使用藍芽機，裡面有中文、英文、日文和韓文歌，點歌本不像臺灣厚重的黃頁電話簿，點歌時可選擇要不要評分，評分系統還有分寬鬆版和嚴厲版兩種，如果對自己歌聲有信心，還可以自錄 MV 上傳，十分有趣。

　　除了日文歌曲外，中、英文歌曲也相當多，歌詞上還會有片假名輔助，來自哥倫比亞的同事點了好幾首周杰倫的歌，來自福岡的同事則是唱當時相當火紅的動畫片《冰雪奇緣》主題曲，老闆則是演唱許多道地的沖繩歌曲，一邊演唱還搭配沖繩樂器「三響板」，演奏分數高達 90 分，幾杯啤酒下肚後，老闆就開始跟我們說關於年輕時得到「福山雅治」稱號的往事。

　　結束歌唱大賽後，日本同事提議到酒吧續攤，於是所有員工跑去旅館對面的酒吧，

| | 1 | 2 |
| | 3 | 4 |

1~2 二手採購也是超愛的樂趣之一　3~4 每天下班就是探險新大陸的開始

其實酒吧晚上 12:00 就停止營業了，但因日本同事與酒吧老闆熟識，於是老闆就留鑰匙回家去了。我們開始了飛鏢競賽，輸的人要帶豬頭面具表演，每個同事都深藏不露，來自哥倫比亞的同事是飛鏢高手，來自日本的同事有調酒執照，酒吧裡的調酒他都能調配出來，那一個晚上我們玩得不亦樂乎。

　　幾杯調酒下肚後，大夥很有默契地開始整理環境，女生負責擦桌、洗杯子，男生開始搬運桌子，將酒吧回復原狀，一行人就滑著滑板，小跑步的嬉鬧回旅館，跑到了頂樓草坪躺下，伴隨著夜晚的星空，開始胡亂談論有多麼喜愛與在乎彼此，日語能力不是很好的我，都能感染當時快樂的氣氛，多麼希望時間可以永遠停留在那個當下。

1 只要散步 10 分鐘就到沖繩最大的書局　2~3 光是文具用品就可逛上一整天

工作心得

　　出發前曾在網路上看到許多前輩到背包旅館換宿的心得，對於工作內容已經有一定程度上的理解，由於前一站的農場換宿常有大量的日文對話，著時有點令我吃不消，所以相當期待即將前往的背包旅館，抱持著「可以講英文，打掃房間一點都不難」的心態，加上曾有在美國飯店擔任房務員的經驗，使我對於前往這個背包旅館換宿信心滿滿。

　　工作內容其實相當簡單，僅需清掃每日退房與維持公共區域清潔，時間頂多兩個小時左右，老闆和同事也都會一起幫忙，鮮少有獨自一人的時候，是個相當輕鬆，又可以學習日文的好地點。由於自由時間相當長，閒暇時候會騎著腳踏車，到附近超市採買食材，或是散步至沖繩最大的書局，裡面不只有書籍、文具用品等，還有百元店及咖啡廳，足足可以逛上一整天。

1 走路就可以到的波上宮　2~3 每天都有聚會

　　這家背包旅館位在那霸市最熱鬧的美榮橋區，散步至國際通僅需 10 分鐘左右，若是要到鄰近的波之上海灘與神社，騎腳踏車頂多 15 分鐘就到了，於是每當打掃工作結束後，在廚房準備一道拿手菜，和同事一同分享後，就出發前往探險，每天的探險時間總是過得特別快，短短的三周，那霸市的景點都逛得差不多了。

　　在背包旅館打工換宿，雖然沒有準備三餐，但相對的自由時間較充足，若想要增進日文能力，可以和日本同事或老闆聊天，常常會有意外的收穫；若是想要去哪些景點參觀，想吃哪些餐廳的料理，除了可以選擇自行前往，或邀約同事一起出發，就連當天入住的房客，都有可能是一同出遊的朋友之一。

　　背包旅館有來自世界各地的旅客，每次員工聚會我們總會談論近日來的發現，例如中國客人不喜歡清洗碗盤，單身日本男子喜歡窩在床鋪上看漫畫，金頭髮的背包客相當

1~2 和各國旅客交換拿手料理　3 開放式廚房在街道旁

健談，臺灣旅客不論男女都很害羞等，也結交了許多來自世界各地的朋友，分享彼此的故事，在一個小小的背包旅館內，你可以獲得許多知識，見識到不同文化的特色，帶著滿滿的故事回家。

貼心小建議

· 因為換宿員工較多，可帶臺灣明信片或簡單伴手禮等紀念品加深他人對你的印象；或是每個月至少會有兩次派對，可以準備一起玩樂的撲克牌或桌遊。

· 由於自由時間較多，換宿者可免費使用腳踏車，建議在臺灣務必學會騎腳踏車。（作者到沖繩換宿後才學會）

· 旅館有準備沐浴用品和牙膏，但需自備毛巾和牙刷，洗衣機和烘乾機均為投幣式，有附衣架和洗衣粉可免費使用。

草木染 PURA.com

　　最常食宿交換的類型是農牧場及背包旅館，因為想嘗試不同類型，加上曾聽聞南城市的沙灘相當美麗，還有許多著名景觀咖啡廳，和充滿都市氛圍的那霸市有截然不同的景觀，而且資料載明這個女主人喜愛旅行，會簡單英文，又可免費學習手工藝，因此覺得這裡是不可多得的換宿好地點。

打工度假第三站：草木染手工雜貨

換宿資訊

時間	一周
地點	沖繩，南城市
換宿類型	手工藝品店
名稱	草木染
職稱	萬用小幫手
內容	顧店，手工藝品，打掃，簡易農務
住宿到工作距離	一樓是店家，住二樓
如何前往換宿點？	自行搭公車至南城市
換宿內容	食宿免費

1 手工的草木染名片　2~3 店內販售物品都是純手工

主人描述

　　1959 年出生於東京的須永真知子，是東京知名設計學院的高材生，設計一直是真知子小姐的興趣，1981 年和朋友一起合夥開第一間草木染（PURA）後，陸續又開了兩間草木染，分別在沖繩本島的南城市與西表島上。手工藝品在日本一直廣受好評，因此那霸市的國際通、石垣島，以及許多手工藝品店都能看見草木染的產品。

　　真知子小姐時常往返西表島與南城市，草木染的每項商品都是手工做的，舉凡店的招牌、沐浴時所用的手工肥皂、平日穿著的衣物服飾、包包、吊飾等，就連草木染的名片，都是真知子小姐手工刻的橡皮章，一張一張蓋的呢！真知子小姐曾說手工藝品是人們一針一線用心完成的產品，裡面有獨一無二的設計，尤其是包包與衣飾，需要草染或手工編織等，製作過程相當費時，每一樣產品都只有一件，也都有專屬於他們的主人。

第一次鋪布團的感覺很新鮮

牆上掛滿草木染的手工衣

　　店前的小草叢種滿許多花卉植物，隔壁的小農地是真知子小姐的祕密花園，裡面種了沖繩相當有名的山苦瓜，還有下午茶常喝的薄荷葉，以及各式各樣的花卉植物。出生在東京的真知子小姐，不習慣都市的冷漠，覺得步調快得令人喘不過氣，之所以選擇移居沖繩，就是看中沖繩氣候比東京還溫暖，居民也比較熱情，傍晚時分可以散步至鄰近的海邊看夕陽，或是沿著登山步道前往觀景臺，喝杯咖啡休息一下，如此愜意的步調才是生活的意義。

工作環境

　　位於南城市玉城的草木染工作坊專門販售真知子小姐的手工藝品，也是典型的日式

1~2 牆上掛滿草木染的手工衣　3 廚房與飯廳

雜貨商店，一樓前門是商店，空間雖不大，但牆壁、樓梯等皆掛滿了真知子小姐的心血，後門是真知子小姐的住家，日式榻榻米的客廳，開放式廚房與飯廳結合，二樓是真知子小姐的房間，若是有換宿小幫手來，真知子小姐會讓出房間，自己住在一樓榻榻米。

　　商店門口的小花圃種滿許多植物，裡面的土壤是去農產批發場買來的，上面鋪滿許多石頭，都是閒暇時真知子小姐從海邊帶回來的，旁邊的小農地除了有排列整齊的盆栽外，還種滿山苦瓜；但由於我換宿的時間為冬天，所以僅看到雜草叢生的土壤，真知子小姐說：「在沖繩生活和東京大不相同，凡事都慢慢來，慢慢的生活，才是真正的享受。」

1　2　3

1 第一天的工作　2~3 先將水晶吊飾分類

一天作息表

07:00	早餐，需協助料理
09:00	開始工作
11:30	午餐，需協助料理
13:00	繼續工作
16:00	工作結束
16:00~18:00	自由時間
18:00~19:00	晚餐，需協助料理
19:30~21:00	聊天時間，抑可選擇盥洗或回房

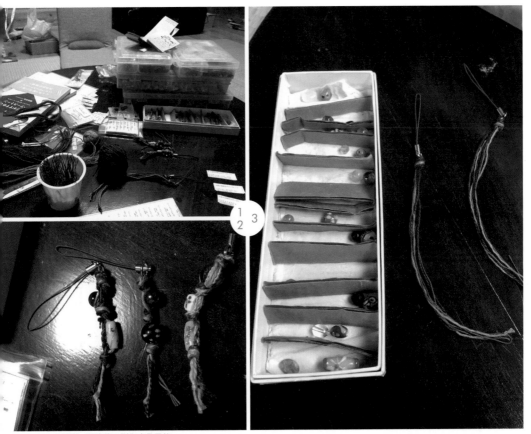

1~3 剪紙、剪棉線、製作水晶吊飾

工作型態

　　在草木染的換宿相當愜意，工作時間可以和真知子小姐溝通協調，每日約 6 小時不等，周末由於真知子小姐會外出上課，僅剩換宿員工自行顧店，還有製作簡單的手工藝品，如水晶吊飾等，或是幫忙蓋名片印章，可自行選擇休息時間，只要計算做滿 6 小時，就可以出門散步，晚餐時間再回來幫忙即可。

　　平日工作可能是和真知子小姐一同維持店鋪清潔，除農地的雜草、搬運花圃盆栽等，或是和真知子小姐一起製作手工藝品、編織包包、縫製衣服等，若是在夏天的話，還可以體驗手工染布呢！

　　偶而有鄰居會前來串門子，真知子小姐會去農地摘兩片薄荷葉泡茶，配上日式和菓子，就這樣閒話家常聊一下午！這時候小幫手可以停下手邊工作，加入聊天的行列，真

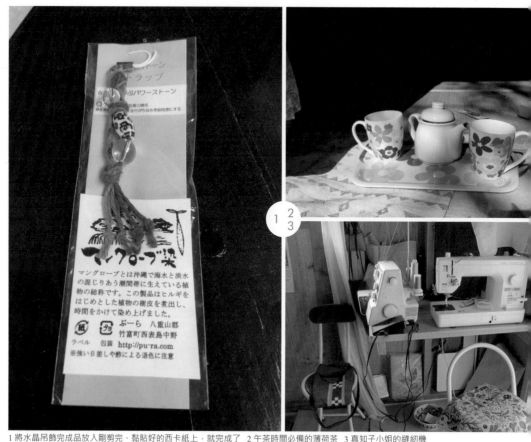

1 將水晶吊飾完成品放入剛剪完、黏貼好的西卡紙上，就完成了　2 午茶時間必備的薄荷茶　3 真知子小姐的縫紉機

知子小姐曾說，在草木染是生活，不是工作，不要把這裡當成上班的地方，而是應該把這裡當作另外一個家，在這裡生活。

特殊經驗

信任的重要性

在草木染生活相當輕鬆愜意，換宿的第一天，真知子小姐就幫我準備好午餐要用的食材，告訴我店裡商品的標價位置，並交代說如果下班想出門到附近散步，僅需把店門關起來，無須上鎖，晚餐時間再回來吃飯即可。

由於店裡連收銀臺都沒有，真知子小姐直接給我一個皮包，裡面有為數不小的金額，

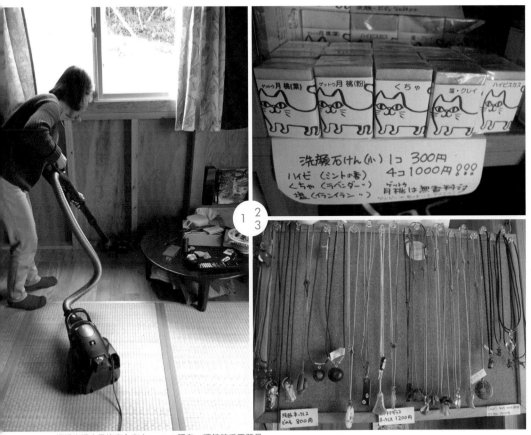

1 打掃家裡也是換宿內容之一　2~3 肥皂、項鍊等手工藝品

然後就開車出門了，留下有點驚訝又錯愕的我。相處一周後，有一個晚上和真知子小姐聊天，提出令我印象深刻的第一天，在臺灣如果有事情外出，每一戶人家都會鎖門，有些人甚至會有兩道門鎖，真知子小姐得知後相當訝異，她說在南城市很少人會鎖門，因為居民不多，所以鄰居大多都熟識，即使有時需要長時間住在西表島，無法回來南城市，也都不會鎖門。真知子小姐說，人與人相處，信任是最重要的事情；這帶給我相當大的震撼，也讓我覺得開心，因為對於真知子小姐來說，我不只是一個異地來的陌生人。

印度電影紅到沖繩去

和真知子小姐享用完晚餐後，真知子小姐會泡上一壺熱茶，開始聊起臺灣與日本的文化差異，然後將電視轉到印度電影臺，一起觀賞印度電影。

1 輕鬆詼諧的印度電影　2 在一樓看印度電影的客廳是日式榻榻米　3 日本用餐都是一人一份

　　真知子小姐說沖繩電視節目相當無趣，所以她很少看，但是她很喜歡看印度電影。因為印度電影充滿歡樂的音樂、逗趣的舞步，帶點詼諧有趣的劇情，不時添加一點愛情的元素，尤其許多印度電影都有勉勵人向上、培養樂觀進取的涵義在，她最喜歡的印度電影是《三個傻瓜》，據說連續看了四次。

　　在草木染換宿的一周，看了不少的印度電影，起初聽印度腔超重的英文，搭配有看沒有懂的日文字幕，看起來相當吃力，到後來開始習慣隨著印度音樂，跟著劇中的主角一起哼上一段，似乎漸漸明白電影想要傳達的訊息，每一個晚上都有充滿歡樂氣氛的印度電影陪伴，相當輕鬆愜意。

1 喝酒慶祝在草木染的最後一晚　　2~4 濱邊的茶屋

工作心得

　　「隨興」是真知子小姐給我的第一印象。

　　在草木染換宿的生活，確實充滿愜意、自由、輕鬆的氣息。與其說在這裡打工換宿，倒不如說是來度假放鬆，甚至比較像是來生活的。真知子小姐既像自己的母親又像老師，白天在製作手工藝的時候，真知子小姐會教導製作方法，或講解每顆水晶的調性等，可以學習如何刻橡皮印章，如何自製墨水、編織衣服、製作手工吊飾、手工肥皂，每一天都像是美術課，有不同的主題勞作，對於缺乏藝術細胞的我是一種挑戰，一種極為新鮮的嘗試，在完成第一個成品時，那種成就感是筆墨也難以形容的驕傲。

　　有時候，我們會拿一張沖繩大張版地圖，開始一一圈選哪些景點一定要造訪，接著再拿出超詳細的南城市地圖，資訊詳細到連每一個店家都列舉出來，開始討論哪些地方

1 2
3 4

1~2 濱邊的茶屋也有海邊戶外席，或是觀景座位
3~4 真知子小姐最愛的咖啡廳「山的茶屋 - 樂水」，可選擇日式榻榻米或一般座位

　　一定不能錯過，然後哪天下班要去觀景咖啡廳，哪一天要去海邊看夕陽。

　　打工換宿雖然是透過勞務賺取食宿，但應該是透過食宿交換，體驗不同國家生活的一種文化交流方式，真知子小姐接待許多來換宿的人，她曾經遇過一早 6:00 就想要工作，工作到中午時數滿 6 小時就出門的人，不需要準備他的午晚餐，也鮮少和真知子小姐交談，就算是聊天也只是詢問附近觀光景點，那樣的交換過程，和食宿交換的宗旨相違和，讓真知子小姐有好一陣子都不想再接待任何人。

一個人的探險

　　在草木染換宿時，傍晚 4 點左右工作即可結束，此時真知子小姐會建議換宿者出門

來杯下午茶犒賞今日工作的辛勞吧！　　　還有雕刻家的作品

走走，由於草木染位於南城市，地理環境的關係，附近的新原海灘頗受旅客喜愛，步行 20 分鐘就可以來到奧武島，品嘗便宜又美味的天婦羅，天氣好的時候，還可以來個散步環島旅行，只要在晚餐時間回到草木染用餐即可。

　　每天工作時，真知子小姐都會推薦我許多景觀優美的咖啡廳，還有以往換宿者時常提及的景點，推薦我餐廳裡面的招牌料理，和我分享她最喜歡的咖啡廳，等到工作結束後，我便開始踏上一個人的冒險旅程，由於南城市的咖啡廳大多晚上 6:00 就結束營業，僅有頗受旅客喜愛的「濱邊的茶屋」營業時間較晚，開放時間到 8:00 左右，大部分的冒險旅程都是限時內探險，在沒有網路以及時間有限的情況下，找到真知子小姐當日推薦的景點，那種成就感，對於方向感極差的我，是筆墨也難以形容的快樂。

　　當天晚餐時，和真知子小姐交換我如何抵達冒險景點，點了哪些點心，喝了什麼樣的飲料，分享當天看到的有趣情形，在一說一笑的聊天過程中，愉快的度過晚餐時光，那種沒有壓力，宛若與家人相處般的輕鬆自在，對於在異鄉換宿的我來說，真的有種找到歸屬的感覺。

貼
心　・草木染最多同時接受兩人換宿，大部分時間均獨自一人與雇主相處，是練習日語的最佳機會。
小　・雇主極愛手工藝品與印度電影，伴手禮可帶臺灣手工藝品，如中國結等。
建　・換宿地點是傳統日式家庭，生活用品均有，建議行李應簡便為主。
議

たつや民宿
Ta tsu ya 民宿

　　たつや民宿在沖繩的打工換宿網中，一直都是相當熱門搶手的換宿地點。除了提供免費食宿外，就連休假日，雇主都會開車載你去想參觀的景點，去吃夢寐以求的美味餐廳。廚藝相當精湛的雇主，每晚都會準備美味又道地的沖繩料理，愛吃的人絕對不能錯過這裡。

1 咖哩烏龍麵　2~3 每晚都有美味的料理可以享用　4 たつや民宿

民宿樓梯上布滿房客與員工的照片和明信片　　たつや民宿在 HM 便當店巷子進去

換宿資訊

時間	兩周
地點	沖繩本島，那霸市
換宿類型	民宿
名稱	たつや民宿
職稱	民宿小幫手
內容	簡單打掃客房，準備晚餐，撰寫員工部落格
住宿到工作距離	住民宿員工房（兩人一間）
如何前往換宿點？	雇主接機
換宿內容	食宿免費

1~2 感情甚篤的雅樹先生與久子小姐　3 ~4 雅樹先生說：「食物取之於自然，還之於自然。」

主人描述

　　たつや民宿的老闆雅樹先生（マスター先生）是位非常講究生活情調、廚藝驚人的紳士，他的妻子久子小姐曾在英國修得學士學位，除了在沖繩擔任翻譯，也在琉球大學擔任講師，目前則在澳洲繼續攻取學位。

　　做事講求原則的雅樹先生，為人非常親切，說話輕聲細語，相當照顧旅客與員工，尤其是單獨旅行的女性，休假時，雅樹先生時常邀請房客一同玩樂。周六晚上是居酒屋日，雅樹先生也時常邀約房客一同前往居酒屋用餐。非常喜愛喝酒的雅樹先生曾說：「美味的佳餚，配上一杯好酒，才是人生最幸福的事情。」但隨著年紀增長，除了每天下午固定運動外，為了身體著想，雅樹先生更約束自己要少喝點酒，於是每周日成了雅樹先生的戒酒日，這一天雅樹先生半滴酒都不能喝，晚餐時也只能喝可樂代替，時常可以聽

每天都有堆積如山的碗盤要洗　　　　　　　　　鋪好床鋪需放上乾淨的毛巾與浴衣

見雅樹先生晚上哀號不能喝酒的聲音。

　　久子小姐給人感覺相當嚴肅，和臉上時常掛滿笑容的雅樹先生不同，她的英文非常厲害，晚上與房客一同聚餐聊天時常擔任翻譯，告訴我們房客分享的趣事，由於在民宿換宿期間正好是久子小姐放假的時候，所以這是我第一次度過了「終於完全理解」雇主指示的換宿時光。

　　對生活品味極為要求的雅樹先生，廚藝更是了得，每一道菜都非常講究，小至食物的調味、擺盤，甚至是哪些食材應搭配哪些碗盤，餐具擺放位子等，雅樹先生曾說：「食物應該是吃它本身的味道，我們不應該再多添加調味料破壞。」

　　由於久子小姐長期在澳洲讀書與工作，和雅樹先生分隔兩地，但感情濃厚的他們，每天都會視訊一個小時以上，雅樹先生會和她分享最近房客的故事，或是向久子小姐介紹新來的小幫手，維持遠距離關係對他們來說似乎一點都不困難。

工作環境

　　位於電車旭橋站的たつや民宿總共有三層樓，五間客房，一間員工宿舍。一樓是客廳與飯廳，還有雅樹先生的辦公區與房間，廚房則是雅樹先生的祕密基地，平常廚房的清潔皆是雅樹先生包辦，炒菜鍋與湯鍋都是雅樹先生的寶貝，小幫手僅需先手洗客人與我們使用的碗盤，再用洗碗機清洗第二次即可。

　　一樓的公共區域有沙發、電視、電腦、洗衣機與旅遊資訊區，房客均可免費使用。每一間房間都有附浴缸的衛浴設備，員工宿舍是上下鋪雙人房，二樓另外還有兩間客房，一間雙人床，另外一間是兩張單人床，三樓則有三間客房，兩間雙人床，另外一間則是有兩張單人床，一張沙發床的三人房，頂樓則是晒衣場。

1 員工房是兩人一間　2~3 每間房間的擺設都有點不同

一天作息表

09:00~11:00	整理退房（更換床單、枕套、倒垃圾），共有 5 間客房，整理完房間後，就是自由時間
12:00	一同與雇主吃午餐（雇主自行料理，或外出找各式各樣餐廳、下午茶）
18:00	簡易料理晚餐，協助雇主煮道地沖繩料理給房客品嘗
19:00~20:00	晚餐時光（有時會和房客一同用餐）
21:00	傳統沖繩樂器「三線琴」免費教學
22:00	晚餐後的碗盤收拾、擦桌子等簡易清潔

1 和房客一起去咖啡廳享用下午茶　2 早上先檢查餐具是否齊全　3 光是浴室清潔工具就有一小桶　4 打掃完畢，要將冰箱門打開

工作型態

　　工作內容就是將每日退房的房間打掃乾淨，通常會有另外一位換宿同事和你一起分擔，如果今天沒有退房的旅客，就不用打掃，到中午用餐前都是自由時間！這時候就可以和雇主借腳踏車，騎車去昨天在沖繩雜誌看到的獨家景點，或是前晚在背包客棧發現的特色小店，中午前回來享用雇主幫你準備的美味午餐。就算五間客房全部退房，也只需要一至二個小時左右就可以打掃完畢，服務認真的話，還會收到客人貼心的小紙條或小禮物，甚至是小費呢！

　　有時客人會詢問沖繩的旅遊資訊，這時就是練習英文及日文的最佳機會！有一次，來自臺灣的客人想自駕前往風樹咖啡館，因為較為偏僻，加上客人熱情邀約，得到雇主許可後，就一同出門玩耍了，不僅賺到了半天假期、省了交通費，還交了朋友呢！

1 若房客選擇不要打掃，就將乾淨毛巾掛在門上　2 房客退房會將鑰匙放在櫃檯　3 飯廳

　　午餐大部分是麵食料理，偶而雅樹先生會叫外送，有時是道地的沖繩料理，或是披薩、漢堡等速食餐點，就連迴轉壽司都可以外送到家，如果今天雇主沒有事情要忙，或是新發現了哪些口袋名單，就會開車帶我們去餐廳吃飯，然後再一同前往超市採買，準備晚餐的食材。

　　每天晚上 6:00 是雅樹先生的運動時間，此時小幫手需要輪流至一樓顧店，協助房客入住事宜，或是介紹民宿附近的觀光資訊，大約 7:00 就開始準備晚餐。

　　在たつや民宿換宿，除了打掃客房外，還有一項最重要的工作就是擔任晚餐小助手；由於民宿有販售晚間套餐，每天晚上雅樹先生都會準備道地的沖繩料理，其中一位小助手必須協助簡單的洗菜、切菜、料理裝盤和上菜等，另外一位小助手擔任攝影師，將料理過程與美味餐點記錄在たつや民宿的專屬部落格上。來到這裡換宿，不僅增進廚藝，身體還增加好幾公斤的肥肉當紀念品呢！

1 | 2
3 | 4

5

1 午餐大部分是麵食料理　2 準備晚餐前的備料工作　3 雅樹先生的自製晚餐小筆記　4 埋頭準備晚餐的雅樹先生
5 穿上圍裙是不是有專業的感覺！

1 客人有專屬用餐盤　2 生魚片搭配海葡萄是超「沖繩」的吃法　3 雅樹先生講解沖繩料理的吃法　4 雅樹先生演奏三線琴

特殊經驗

日本新年

　　由於換宿時剛好遇到跨年，才知道原來 12 月 31 日對日本人而言是「大晦日」，也就是除夕日，在 12 月 29 日至 1 月 3 日是全國休假日，家家戶戶都會開始除舊布新，前往親友家拜年等，和臺灣的農曆新年有點類似。

　　日本人在新年時會去年宵市場購買各種賀年用品，在日本當地稱為「歲之市」，傳統上，歲之市都設立在神社附近。購買完需要的年貨後，回家大掃除會先從神龕開始，一來是整理居家環境，二來也有洗去霉氣的意味，在除夕中午時就必須完全掃除完畢，傍晚一家人團聚吃年夜飯，然後一起觀看賀年節目，紅白歌唱大賽。

1 新年時，たつや民宿總會收到許多來自房客與朋友的賀年卡　2 1月1日中午的新年料理
3 和房客與同事一起去神社參拜　4 超多美味小吃的攤販

　　在除夕夜，各地神社會敲鐘108下，稱為「除夕敲鐘」。有人說是驅趕108個魔鬼，也有人說108下鐘聲代表108位神佛，不論是哪種說法，都象徵日本人希望這108下鐘聲能驅走霉運，祈求神明保佑。

　　敲鐘完畢後，有些人會求籤祈願，若是抽到凶籤，或是較不好的籤就綁在神社裡，據說是因為日文綁是「結び」，而結字中有吉，所以將籤綁著就有逢凶化吉的意思，有些人還會依照個人需求買御守當護身符，如祈求健康、學業、戀愛等，買完御守後，神社附近都會有很多小吃攤販，有賣章魚燒、炒麵、大阪燒、關東煮等各式各樣的美食。

1 2
3 4

1 工作之餘，開始折毛巾教學　2 休假時，客廳一定會擺上的小紙條　3 休假時的小旅行，有時是布滿許多日式雜貨的咖啡廳
4 有時是去海邊或風景區散散步

工作心得

　　在たつや民宿換宿的時光過得非常快，也是最像在「生活」的一段換宿時光。每天早上到三樓將麵包塗上果醬，泡上一杯熱騰騰的咖啡後，前往一樓飯廳享用，雅樹先生會放上沒有歌詞的輕音樂，搭配久子小姐贈送給他的《實用英語 500 句》，我們則是在旁翻開今日報紙特價頁面，看看哪些商品今日折扣下殺，或是報紙中夾雜的廣告資訊有沒有新開的餐廳，開始盤算著下次休假請雅樹先生帶我們去。

　　雖然工作時間是 9 點開始，但如果房客尚未將鑰匙歸還至櫃檯，就表示還沒出門或退房，這時小幫手就可以選擇回房休息，看電視等待。剛開始工作時，這種等待時間總是特別漫長，由於不知道房客何時退房，我只能正襟危坐的在客廳等待著，然後不時注

備瀨福木林道

有時還會去高級居酒屋享用晚餐

意樓梯間是否傳來腳步聲,到後來發現講求原則的雅樹先生,其實並沒有強硬規定何時開始工作,於是工作時間就開始越來越晚,有一次快到中午了,我們才準備拿吸塵器上去打掃。

打掃程序相當簡單,只需將清潔工具準備好,如抹布、浴室清潔用品、吸塵器等,一一放在二樓走廊後,便開始今日的打掃工作,更換床單、枕頭套、清洗浴室、擦拭桌子與冰箱,補齊備品,大約兩小時就可以全部打掃完畢,然後再將全部的毛巾丟置洗衣機清洗,下午時再拿去頂樓晾乾即可。

雅樹先生和久子小姐非常照顧我們,休假時總是會詢問我們有想去哪些景點,講究品味的他們,在休假時還會特別請一個打掃小姐幫忙,讓我們能無後顧之憂地出門玩樂。若是不知道想去哪玩,雅樹先生就會開車帶我們去私房景點,喝上一杯咖啡,搭配他的《實用英語 500 句》,度過一個悠閒的午後。

貼心小建議
・建議帶象徵臺灣的小伴手禮、明信片等紀念品,時常有聚會與交換派對等場合,可以換到來自世界各地的禮物與故事。
・老闆超級喜歡屏東科技大學的薄鹽醬油和開心果,建議前往換宿的伴手禮可以帶這兩樣。
・完全不會講日文也沒關係,老闆會講英文,老闆娘更在澳洲念研究所,所以可以用英文溝通。

STAR CAPSULE 膠囊旅館

　　曾在漫畫和日劇裡面看過膠囊旅館，據說床位都是類似太空艙的設計，雖然空間不大，但電視、廣播、鏡子等一應俱全，稱之為「頭等艙床位」，一直都很想體驗看看。

期待已久的「頭等艙床位」

換宿資訊

時間	一周
地點	那霸市
換宿類型	膠囊旅館
名稱	STAR CAPSULE 膠囊旅館
職稱	小幫手
內容	打掃、清潔、櫃檯登記事務、網站協助等個人專長技能交換
住宿到工作距離	膠囊旅館內
如何前往換宿點？	從上個民宿步行到膠囊旅館
換宿內容	住宿免費，雇主會下廚招待餐飲

1 相當照顧我的 Chiyo　2~4 Chiyo 大力推薦的「家庭主婦」餐廳

主人描述

　　還記得第一次踏進膠囊旅館時，「呷飽沒？」一句親切的臺語立刻打消緊張情緒，操著一口流利臺語的蔡先生是膠囊旅館的老闆，住在日本 40 多年，因為喜歡沖繩的緩慢步調、天氣與大海，於是便在這定居下來，每天早上仍是用 YOUTUBE 頻道觀看臺灣節目，所以臺語仍是相當的「輪轉」，加上臺灣與沖繩相當近，所以時常臺灣、沖繩兩頭跑。

　　蔡先生對換宿的我們相當照顧，時常下廚請我們吃飯，分享他的人生經驗，教導我們很多道理，親切的彷彿就像是在沖繩多了一個爸爸的感覺，所以我們都叫他「蔡爸」。蔡爸的女兒 Chiyo 也一起經營膠囊旅館，由於從小在臺灣和沖繩受教育，加上大學在美國就讀，Chiyo 會說一口流利的中、英、日語，時常帶我們去好吃的餐廳，推薦好玩景點，許多都是只有道地沖繩人才會光顧的祕密基地。正在學習咖啡烘焙的她，每天早上都會

1 2
3 4

1~2 男生盥洗室為開放式，類似大眾澡堂　3 退房採取自助式，房客將鑰匙放回此籃即可　4 櫃檯

手沖咖啡給我們喝，一起聊著來沖繩的點點滴滴，然後再陪我們一起打掃。

　　蔡爸和 Chiyo 除了相當照顧我們之外，對於每一位入住膠囊旅館的客人也都相當照顧，不僅推薦客人沖繩景點，還會協助代訂餐廳、安排潛水活動等。晚上除了蔡爸的拿手好菜、Chiyo 當日採購的新點心外，來自各國的客人也都會在廚房一人拿出一道交換料理，一起在四樓的交誼廳大談旅行。

工作環境

　　位於電車旭橋站的 STAR CAPSULE 膠囊旅館，結合傳統日式膠囊旅館的經營模式，加上歐洲國家背包旅館的概念，創造出十分現代化的旅館。

　　一樓大廳附設公共電腦區，提供免費 Wi-Fi 服務，還可免費享用茶和咖啡，住宿以

1 一樓公共電腦區　2~3 有免費漫畫區與自動販賣機　4 一樓牆壁上有許多旅遊資訊，推薦店家名片與當地活動可免費取閱
5 光是一樓就有 3 間廁所　6 女生盥洗室洗手臺

性別分區，女生房會上鎖，四樓是廚房與女生盥洗室，還有日式公共交誼廳，旅客可以自行使用廚房。膠囊旅館有近 400 個床位，若是旺季客滿時，常常打掃到下午床單都還沒換完，工作內容相當簡單，客人入住時，請客人填寫入住單，介紹膠囊旅館設施，協助旅客入住，與介紹周邊景點與觀光諮詢。

　　早上則將公共區域打掃乾淨，包含一樓男生廁所、盥洗室，二樓女生廁所與四樓廚房及公共交誼廳，打掃完畢後即為自由時間。由於 7 至 9 月為旺季時段，常常客滿，每天上班時間約從早上 10:30 開始到下午 1:00 之間，平均工作時數為 4 小時，若是前天晚上客滿，隔天則是 12:00 開始打掃客房。

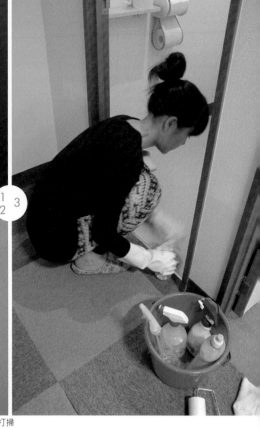

1 房客入住要填寫入住單　2 浴室清潔的打掃用具　3 馬桶每天都要仔細打掃

一天作息表

09:00	早餐時間（有時自己買，有時老闆娘會手沖咖啡）
09:30~12:00	開始工作，掃完就是自由時間，客滿的話下午也需幫忙
12:00	午餐時間（有時自己買，有時老闆會親自下廚）
12:00~	自由時間

工作型態

　　在 STAR CAPSULE 換宿的時光過得特別快，由於換宿時為旅遊淡季，每人一天大約換 4 至 5 個床位就結束了，由於先前在民宿和背包旅館都有打掃的相關經驗，所以在

1 檢查資源回收桶是否已滿　2 鋪床單前，需先確實清潔完畢　3 再鋪上新床單　4 女生盥洗室布置得十分可愛
5 交誼廳　6 晒衣場　7 個室　8 廚房

1 2
3 4

1 個室　2 辦公室　3 走路就可以到的大眾澡堂　4 進入澡堂前需先脫鞋，將鞋放置鞋櫃

這裡換宿時格外順手，加上公共區域清潔等，大概 2 個小時就結束工作了。

在 STAR CAPSULE 其實沒有制式的工作項目，大部分都是採取自動自發路線，比如看到公共電腦區有房客遺留的杯子沒洗，在一樓交誼廳發現垃圾，或是動手清掃膠囊旅館前的落葉等，若是有專長的話，也可以選擇用專業技能換宿，比如協助架設旅館網站，布置旅館內的公共區域，設計新 LOGO 等，只要對 STAR CAPSULE 有幫助、用得上的專長，都可以嘗試來這裡換宿喔！

特殊經驗：大眾澡堂

由於女生盥洗室只有一間，位於四樓，所以入住 STAR CAPSULE 的女生，都可以免費到旅館旁的天然溫泉澡堂，體驗傳統日式泡澡，在這裡換宿的我，當然不能錯過這

1 櫃檯　2 搭乘專用電梯入浴場　3 澡堂內女生專屬設施

個絕佳好機會！

　　準備好換洗衣物後，就徒步到天然溫泉澡堂，位於二樓，由於不能穿鞋子進入澡堂，需先將鞋子放置鞋櫃，然後再拿 STAR CAPSULE 提供的溫泉券，到櫃檯換取毛巾與鑰匙。澡堂的櫃檯稱為「番臺」，是一般繳交入浴費用、分開男女浴場的地方，大部分澡堂也會在番臺旁設置自動販賣機。

　　拿到毛巾與鑰匙後，再搭乘電梯來到女性專用樓層，每個人都有一個附鎖的置物櫃，忘記帶盥洗用品也沒關係，因為大部分澡堂都有提供，可以免費使用；如果想使用私人毛巾或專用盥洗用品，通常澡堂也都設有付費盥洗包與拋棄式毛巾等。將身上衣物脫下，並將貴重物品鎖在置物櫃後，就可以上樓前往大眾澡堂。

　　不論老幼，全裸進入浴場是禮儀，每個人都需脫光入內，要下水泡溫泉前，也需先

1 專用置物櫃　2 泡澡完畢還有休息室可以觀看電視　3 或是可以至食堂用餐　4 還有投幣式充電機

將身體沖洗過才能下水，裡面除了附有冷、熱池之外，也有提供水療按摩和溫泉浴，泡澡完畢後，還可以免費使用桑拿室。

　　由於澡堂在日本相當普遍，除了不能穿鞋入浴場、需先沖澡才能入浴池等常識外，進入澡堂還有以下幾點要注意：

· 身上有刺青者，不得進入浴場

　　由於日本屬於比較傳統的國家，所以身上若有刺青者不能進入浴場，即使是一個小圖案在手指上也不行，倘若有刺青又很想嘗試大眾澡堂的人，可以先去藥妝店買透氣繃帶黏貼。

· 不得在浴場內奔跑

　　由於地板溼滑，大部分澡堂都是瓷磚，雖有良好的排水系統，但為了安全起見，還

浴場

梳妝室除了有吹風機外，還有化妝水、乳液、棉花棒等用品

是不要在浴場內奔跑。

‧ 不得在浴場洗衣服

通常浴場外都有付費洗衣機，千萬別貪一時便宜，而使用澡堂淋浴的水龍頭洗衣服，這樣會引人側目。

‧ 毛巾不得進入浴池

可以攜帶毛巾進入浴場，但是在泡澡時，為了衛生疑慮，毛巾不得入浴池，將毛巾綁在頭上是可以的，只要毛巾不要浸泡在浴池內就行。

‧ 回更衣室前需擦乾身體

進入更衣室前，需先將身體擦乾，切勿溼淋淋地回更衣室，而把地板弄溼。

1~3 置物櫃為電子鎖，女生區是單獨一間，進出會上鎖

工作心得

在 STAR CAPSULE 的時光過得相當快速，由於換宿老闆蔡爸是臺灣人，有種格外親切的感覺。

因為一直很想體驗日式的膠囊旅館，但是透過 WWOOF、HelpX、Workaway 都沒有找到相關的換宿雇主，於是索性直接寫信到 STAR CAPSULE 的官方信箱，提出想要前往打工換宿的請求，在一來一往的的溝通下，很快的就獲得 STAR CAPSULE 的同意。

由於換宿期間屬於淡季，每天的工作大概 1 至 2 小時內就完成了，大部分的時間都是和老闆、同事，以及 Chiyo 聊天居多，午餐時老闆會煮好吃的料理，邀請員工與房客一同享用。因為自由時間較長，在工作結束後就是屬於自己的探險之旅，交通相當方便的 STAR CAPSULE，只需走路 5 分鐘就可以到電車旭橋站，10 分鐘就可以到沖繩最熱鬧

男生置物櫃與洗手臺共用，為開放式空間

的國際通，15 分鐘就可以到波之上神社參拜，還有那霸市唯一的波之上海灘，由於旭橋站也是巴士總站，所以想要前往較遠的觀光景點，也可搭乘巴士前往。

在 STAR CAPSULE 換宿的自由時間較長，少了語言溝通上的困難，加上老闆與 Chiyo 都是相當熱情的人，推薦我許多必吃的餐廳，隱藏於巷弄間的音樂酒吧，在沖繩定居許久的他們，講起很久以前的沖繩歷史，由他們的言語中能深深感受到他們對於這塊土地的熱愛，光是換宿一周，我就迫不及待地想在沖繩定居了！

貼
心
小
建
議

・旅館有附置物櫃，大小僅可裝登機箱，建議行李箱別帶太大。
・STAR CAPSULE 時常有來自各地的旅客自行舉辦派對，建議可帶具臺灣味的伴手禮或明信片分享。

工作結束
玩耍去

4

沖繩小百科

沖繩全圖

A.沖繩本島北部

沖繩本島　古宇利島
今歸仁村　　屋我地島　國頭村
伊江島　　　大宜味村
本部町　　　　　東村
瀨底島
名護市

D.離島

座間味島
渡嘉敷島

多良間島

宮古島

恩納村　宜野座村
金武町
金武灣
B.沖繩本島中部　讀谷村　宇流麻市　伊計島
嘉手納町　　　　　　　宮城島
北谷町　　沖繩市　平安座島
宜野灣市　北中城村　濱比嘉島
浦添市　中城村　中城灣
那霸市　西原町
南風原町　　與那原町
豐見城市　南城市
系滿市
八重瀨町

石垣島
西表島
竹富島

波照間島　與那國島

C.沖繩本島南部

地理簡介

　　沖繩是日本最南的縣，毗鄰鹿兒島縣，古代稱為琉球國，後來納入日本統治。沖繩縣可以分為三個主要地區：以本島為中心的沖繩群島，宮古島周圍的宮古列島，以及石垣島周圍的八重山諸島等，分布在北緯 26 度，東經 127 度間，共有 160 個大小島嶼組成。

116

萬座毛（Summer Cola 提供）

北部

名護市以北的地區被稱為「山原」，從山嶺一直延伸到海岸線附近，四季長青的常綠闊葉林裡，有山原秧雞、野口啄木鳥等多種珍貴稀有動物，此區有世界最大水族館，著名的「沖繩美麗海水族館」；而除了北部世界文化遺產的「今歸仁城跡」外，樹齡高達 300 年的備瀨福木林道也是必訪景點之一。

中部

充滿美國風情的中部地區，設有美軍基地，隨處可見標有英文的商店看板，位於北谷町的「美國村」採用了美式建築，吸引眾多遊客前往，而早期美軍軍眷的居所「港川外國人住宅」，更是改建成眾多個性小店與咖啡廳，成為中部的祕密基地。

1 備瀨福木林道　2 今歸仁城跡　3 港川外國人住宅　4 美國村

東海岸

　　東海岸主要海灣為金武灣與中城灣，其中以勝連城跡與中城城跡頗具盛名，連接平安座、宮城島的跨海大橋，是沖繩有名的海中道路。

西海岸

　　沖繩本島首屈一指的濱海度假區，非恩納村沿海的度假飯店莫屬，除了可在飯店海灘上享用各種水上活動外，由真榮田岬的斷崖絕壁與沙灘交織而成的沖繩海岸國立公園，及以夕陽美景聞名的殘波岬，和素有供萬人乘坐的草原之稱的「萬座毛」，更是不容錯過。

1 勝連城跡　2 海中道路　3~4 國際通

那霸區

位於沖繩南部的那霸，是沖繩首府與交通樞紐中心，也是沖繩最繁華的區域，市中心的國際通更是旅客造訪的熱鬧景點，約 1.6 公里的道路布滿商店、咖啡廳、餐廳與特產店，巷弄間隱藏許多特色小店，被稱為「奇蹟的一哩」。

南部

富有濃厚琉球歷史文化的首里城，曾是早期琉球王朝的王宮所在，現已被指定為世界文化遺產。文化王國與玉泉洞更是南部最大的主題樂園，南城市的新原海灘有許多觀景咖啡廳，或可前往南日本最大的暢貨中心 ASHIBINAA Outlet。

| 1 | 2 |
| 3 | 4 |

1 觀景咖啡廳　2 風樹咖啡館　3 竹富島　4 石垣島

離島

　　八重山諸島中，有棲息著奇珍動物「西表山貓」的西表島，與保有原始沖繩村落的竹富島，其中距臺灣僅需 270 公里的石垣島，是八重山諸島的政經中心，被列入日本自然百景的川平灣，美景更是不容錯過。色彩繽紛的珊瑚礁與白色沙灘點綴而成的宮古島，是全日本鐵人三項比賽等大會舉辦地，還有世界首屈一指的潛水勝地慶良間諸島等，各具特色。

語言

　　沖繩通用語言為日語，但隨處仍可聽見當地方言，即「琉球語」。琉球語是琉球王

國自古以來的本土語言，發音受到鄰近地區九州鹿兒島與臺灣影響，自十八世紀後，沖繩開始使用日本語，而琉球語則視為日語方言之一。

氣候

　　沖繩縣是日本唯一全區均屬亞熱帶海洋性氣候的地區，受到來自菲律賓海的黑潮影響，冬季也溫暖舒適，年平均氣溫為 22.7℃，最低平均溫度為 20.5℃，全年無雪，海水浴場開放時間為 4 至 10 月，終年日照強烈，防晒乳是不可或缺的隨身物品。

春
　　3 月開始進入春天，此時白天穿著短袖即可，夜晚溫差較大，需攜帶薄外套。4 月為海水浴場開放時間，5 月開始為梅雨季，務必攜帶雨具。

　　各式各樣水上活動與沙灘運動的季節來臨！6 月下旬梅雨季結束，豔陽進入高峰期，平均溫度將近 30 度，應備妥防晒用品。
夏

秋
　　相較於日本本島氣溫較高，白天著短袖即可，早晚溫差大，除需攜帶薄外套外，防晒用品也不可或缺。

　　素來溫暖，白天仍陽光普照，但因屬海島型氣候，海風強勁，海水浴場關閉，建議穿著防風與穿脫方便的衣物因應。
冬

（平均氣溫）

資料來源：日本氣象廳 /2014 年那霸市月平均值

各月平均溫度

3 月：20.4℃	5 月：23.7℃	10 月：25.3℃	12 月：17.3℃
4 月：20.6℃	6 月：27.9℃	11 月：21.3℃	1 月：17℃
	7 月：29.4℃		2 月：18.6℃
	8 月：29.6℃		
	9 月：28.3℃		

消費稅

　　日本所有商品均含消費稅，結帳時需加上稅金才是消費總金額。自
2014 年 4 月 1 日起，消費稅由原本 5% 調升為 8%，若是持觀光簽證至
部分商店購買藥妝品等，消費金額含稅超過 ¥ 5,400，電器用品含稅超過
¥ 10,800，可辦理退稅。部分商店可於免稅櫃檯直接辦理，或統一在服務
臺辦理退稅，如百貨公司等，詳細狀況依各店家規定為準。

便利商店

　　主要街道設有便利商店，均為 24 小時營業，除販售日用品、飲料、
餅乾零食等，還有當日限定炸物等，目前共有羅森（LAWSON）、全家
（Family Mart）、可可（CoCo）三家連鎖商店；臺灣人熟悉的統一超商
（7-11）則未在沖繩設立。

貨幣

　　在沖繩除中部區域部分商
家可接受美元外，一般商家通
用貨幣為日幣（¥）。常見面
額　為 1,000、5,000、10,000，
有趣的是，在日本本島較不常
出現的 2,000 元面額日幣，但

¥ 2,000 正面圖案為沖繩首里城守禮門

因正面圖案為沖繩首里城守禮門，在沖繩反倒時常可見。

其他相關資訊

- **飲用水**：基本上日本的自來水均可生飲，若為工業用水等無法生飲，通
  常會有明顯告示牌指示，註明「飲めません」（不能生飲）。
- **電壓**：臺灣電壓為 110 伏特，沖繩電壓為 100 伏特，基本上電器均可通
  用，不需另外準備變壓器，若電器為三角插頭，如筆記型電腦等，需另
  外準備轉接插頭。
- **時差**：沖繩時區同日本本島，是 GMT + 9，比臺灣快 1 小時；意即臺灣
  晚上 8:00，沖繩當地則為晚上 9:00。

佩佩提供

祭典

　　沖繩具有許多形形色色的祭典，其中包括有八重岳櫻祭、沖繩海洋狂歡節、大琉球王國嘉年華祭、桑托比亞沖繩體育盛會、那霸拔河祭、首里城祭及沖繩花卉狂歡節等。

1月　櫻花季

　　每年 1 月下旬開始，名護城跡等周邊地區會舉行一年一度的名護櫻花節；八重岳櫻的森公園舉行八重岳櫻祭，今歸仁城跡亦有賞櫻活動，拍攝時間以白天為佳，祭典期間城跡開放夜間賞櫻，搭配燈光與蠟燭，使得今歸仁城跡成為賞夜櫻勝地。

JAN.

2月　沖繩國際洋蘭博覽會

　　海洋博覽公園內的熱帶夢幻中心，在每年 2 月上旬都會舉行一年一度的沖繩國際洋蘭博覽會，集結世界各地的蘭花，約 10,000 種不同類型，在此綻放。

FEB.

3月　沖繩國際映畫祭

　　每年 3 月舉行的沖繩國際映畫祭，此時沖繩海邊、各藝術展覽中心或咖啡廳，會展示各式各樣文化藝術作品，亦可在海邊觀賞由藝文人士製作的電影。

MAR.

感謝佩佩提供祭典照片

8月　沖繩全國太鼓舞、民族舞 Eisar

　　表演太鼓舞是為祈求家中安泰、無病消災。每年 8 月下旬，來自各地的太鼓舞，會聚集起來進行一年一次的大交流，國際通更有多達 10,000 人組成的舞蹈隊伍，表演名為「Eisar」的民族舞，另同時會舉行啤酒節，讓大家同樂。

AUG.

9月　首里城公園賞月

　　每年日本農曆 8 月 15 日，夜晚於首里城公園舉辦的賞月活動，傳說是為了歡迎中國的使節與冊封使。當中有許多古典舞蹈表演，如名為「Eisar」的民族舞。

SEP.

4月　琉球海炎祭

　　4月為海水浴場開放之始，沖繩海邊會舉辦海炎祭與日本最早的煙花大會，歡慶海水浴場的盛大開放。

5月　那霸龍舟大賽

　　每年5月上旬於新港碼頭舉行的那霸龍舟大賽，是那霸市年度盛事。由中國傳到日本的龍舟是為祈求豐收漁獲而設，除了有龍舟比賽外，還可體驗划龍舟、欣賞煙火等活動舉行。

7月　海洋博公園夏日節

　　海洋博公園於7月中舉行的年度夏季慶典，除了有伊江島上空發放約10,000枚煙火表演外，傍晚的日落演唱會（Sunset Concert）更會邀請許多明星前來演出。

APR　MAY　JUI

10月　那霸大拔河祭

　　每年10月於沖繩國道58號舉行，以久茂地十字路口為中心，「那霸大拔河祭」是那霸市的主要節目，為源自十七世紀的傳統活動，長約200公尺的拔河繩已被列入金氏世界紀錄中，約有一萬多名市民和遊客決一勝負。

11月　首里城祭

　　每年10下旬到11上旬舉行的首里城祭，活動包含冊封儀式、及模仿琉球王朝時，中國使者造訪的情景，如同著名繪畫作品《琉球王朝繪卷行列》一樣，分為國王與王妃的隊伍，總表演人數多達1,000人。

12月　那霸馬拉松大賽

　　每年12月上旬舉辦的那霸馬拉松，是日本國內最大規模的馬拉松比賽，人數高達20,000人，以旭橋作為起點，於本島南部的六個市跑一周，全程共42.195公里。

OCT　NOV　DEC

1 沖繩麵　2 我部祖河食堂的軟骨麵（ソーキそば）　3 豬腳麵也是必嘗美食之一　4 Taco Rice（左邊）

必體驗的道地美食

🍴 沖繩麵

　　沖繩麵條具有彈性，大多與柴魚高湯、紅薑、魚板搭配，主食以三枚肉、軟骨、豬腳等選擇，最著名的餐廳為「我部祖河食堂」（P153）。

🍴 Taco Rice

　　結合沖繩與美國特色的墨西哥辣肉飯，相當開胃。

1 沒有飯的 Taco 餅也很美味　2 位於國際通上，超有名的 Tacos-ya　3 石垣牛　4 沖繩特有的美式漢堡店

食 石垣牛

石垣牛與松阪牛、神戶牛並列頂級肉品，肉質相當飽滿，入口即化。

食 A&W 速食店

多達 20 多間的速食店，是沖繩限定的美式漢堡店，其中最有名的是 A&W 沙士，連便利商店都有販賣。

食 Blue Seal

充滿海島風情的冰淇淋，口味眾多，是消暑的絕佳聖品。

紅芋口味的冰淇淋

苦瓜什錦炒

海葡萄可以直接單吃

食 苦瓜什錦炒

與苦瓜、豆芽菜、島豆腐、蛋炒成一碟的苦瓜什錦炒，是沖繩最道地的家常菜。

食 海葡萄

海葡萄是沖繩特產，是許多居酒屋與食堂販售夯品，超市亦可買到新鮮的海葡萄。

食 鹽味冰淇淋

沖繩海鹽頗具盛名，其中海鹽口味的冰淇淋，更是來到沖繩必嘗的甜點之一。

頗具盛名的鹽屋，除了販售各式各樣調味鹽，還有海鹽口味的冰淇淋

食 沖繩 Orion 啤酒

沖繩代表性啤酒莫過於 Orion Beer，清新爽口，被稱為「名護之水」，是沖繩啤酒首屈一指的品牌。

沖繩代表性啤酒

1 沖繩縣產黑豬肉　2 我那霸豚肉店有自己的養豬場　3 沖繩有許多好吃的燒肉店

🅕 沖繩豬肉

沖繩縣產黑豬肉，肉質甜美，紋理相當細緻，是日本高級豬肉料理之一。

最獨特的歐米阿給

🅑 特色 T-Shirt

國際通上有許多個性小店，販售具有濃厚沖繩風情的紀念 T-Shirt，價格低廉，是伴手禮的最佳選擇之一。

國際通上有各式各樣的伴手禮店

🛒 沖繩面膜

可於各伴手禮店、藥妝店與便利商店，購買以沖繩產的扶桑花、月桃、黑糖等原料製成的面膜。

知名面膜品牌
LULU 也有出
沖繩限定的版本

🛒 沖繩泡麵

沖繩麵也有速食版本，可至伴手禮店、超市與便利商店購買。

沖繩泡麵

🛒 限定零食

以沖繩食材，如黑糖、鳳梨、紅芋等製作的限定商品，種類繁多，連 Blue Seal 冰淇淋也有紅芋口味可選擇。

黑糖口味的饅頭

沖繩限定紅芋塔與泡盛口味的饅頭

沖繩限定飲料，無糖茉莉花茶

買 三線琴

昔日琉球士族彈奏的三線琴，是沖繩特有的樂器，另有三線民謠。

買 各式鹽製品

海鹽是沖繩特產之一，有各式各樣調味鹽，以及用鹽製作而成的限定商品，如金楚糕等，是伴手禮的最佳選擇之一。

買 泡盛酒

泡盛是沖繩特有的蒸餾酒，在製造過程中完全不使用任何添加物釀造而成。

買 風獅爺

風獅爺（シーサー）用來替人、民宅、村落避邪鎮煞，在沖繩家家戶戶的門前、屋簷上，或是村落的高臺都能看到。

三線琴

鹽製成的沖繩鹽大福

在沖繩到處都可看見風獅爺的身影

來沖繩一定要嘗試泡盛酒

大眾運輸任我行

巴士停看聽

　　巴士在沖繩是最常見的大眾運輸，以那霸市為中心，分為市內巴士與市外巴士，由那霸巴士、沖繩巴士、琉球巴士交通及東陽巴士共同營運。那霸巴士總站位於電車旭橋站，巴士票券可選擇上車付現，或至巴士總站營業所購買一日券￥700。

上車收費大不同

　　除了首里線 8 號與新都心線 10 號巴士是由後門上車，前門下車外，其他的巴士都依照路線，分為市內巴士與市外巴士，下車前均需按下車鈴，由於沿途停靠站名廣播為日語，建議上車時可出示地圖詢問司機。

那霸市內線	那霸市外線
前門上車，後門下車	只有一道車門
上車付費，成人均￥230	上車抽券，下車依據整理券號碼，對照車資付費

位於旭橋的巴士總站

巴士旁會顯示沿路停靠重要站名

觀光巴士停看聽

　　雖然巴士可到中部或南部等較遠的景點，但班次較少，車資要價不低，若不是選擇租車自駕，在有限時間內，可選擇搭乘定期觀光巴士，一日遊覽南、北部各景點，費用包含一日車資、導遊等，部分還有含餐點與門票，車上並有免費 Wi-Fi，加上沿途不停靠購物站，的確是不錯的選擇之一。

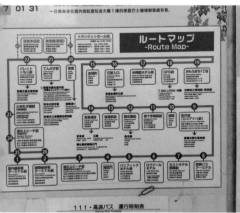

那霸市觀光ゆりゆり號　　　　　　　　那霸市觀光ゆりゆり號

沖繩巴士

行程名稱	出發時間	所需時間	費用	備註
A. 南部戰跡、玉泉洞	08:30	7 小時	成人 ¥4,000 兒童 ¥3,000	含餐， 門票自費
NIRAIKANAI 大橋→姬百合之塔→優美堂→平和祈念堂→沖繩文化王國（玉泉洞）→沖繩巴士公司（國際通附近）				
B. 海洋博公園、今歸仁城跡	08:45	9 小時 30 分	成人 ¥5,500 兒童 ¥3,300	含餐， 門票自費
萬座毛→沖繩美之海→海洋博公園→今歸仁城跡→名護鳳梨園→沖繩巴士公司（國際通附近）				
C. 那霸市世界遺產之旅	13:00	4 小時	成人 ¥4,000 兒童 ¥3,000	不含餐， 門票自費
玉陵→首里城公園→金城町石疊道→識名園或沖繩縣立博物館、美術館前→沖繩縣廳前站→沖繩巴士公司（國際通附近）				
D. 中部觀光	08:30	8 小時 30 分	成人 ¥4,000 兒童 ¥3,000	含餐， 門票自費
琉球村→座喜味城跡→御菓子御殿→嘉手納休息站→BIOS 之丘→沖繩巴士公司（國際通附近）				

那霸巴士

行程名稱	出發時間	所需時間	費用		備註
E. 首里城、南部戰跡、玉泉洞	09:00	7 小時 30 分	成人 ¥4,900	兒童 ¥3,100	含餐，正殿門票自費
首里城→舊海軍司令部戰壕→姬百合之塔→平和祈念公園→沖繩文化王國（玉泉洞）→那霸巴士總站					
F. 海洋博公園暢遊之旅	08:00	9 小時	成人 ¥4,800	兒童 ¥2,400	不含餐，門票自費
沖繩美麗海水族館→名護鳳梨園→那霸機場→那霸巴士總站					
G. 西海岸、沖繩美麗海水族館	08:45	10 小時 15 分	成人 ¥5,500	兒童 ¥3,300	含餐，門票自費
琉球村→萬座毛→御菓子御殿→沖繩美麗海水族館→沖繩水果樂園或名護鳳梨園→那霸巴士總站					
H. 古宇利島、沖繩美麗海水族館、今歸仁城跡	08:30	9 小時 45 分	成人 ¥5,800	兒童 ¥3,100	不含餐，含門票
古宇利大橋→今歸仁城跡→沖繩美麗海水族館→名護鳳梨園→那霸巴士總站					

INFO

沖繩巴士
電話：098-861-0083
受理時間：08:00~18:00
網址：www.okinawabus.com
乘車處：那霸市泉崎 1-10-16

那霸巴士
電話：098-868-3750
受理時間：07:00~18:00，假日至 17:00
網址：okinawa.0152.jp
乘車處：那霸市泉崎 1-20-1（那霸巴士總站內）

注意事項
・網路預約需三天前，出發日起三天內可電話預約，當天如有空位仍可預約。
・巴士為自由座，建議提早 10 分鐘抵達乘車處。
・隨車含服務人員，日語導遊僅帶至景點門口。
・部分門票需自費，可自行決定是否入場。

電車停看聽

　　想要在那霸市走透透，建議購買沖繩單軌電車（Yui-Rail）一日券 ¥700，可以無限次數搭乘，高達 15 個車站，單程只要搭乘 3 次就值回票價，其中會經過大型購物中心、世界文化遺產「首里城」、那霸市最繁華的國際通等，每站的周邊景點都足以讓你逛上一整天！

搭乘方式

 Step 1 前往購票閘口

Step 2 利用售票機購票

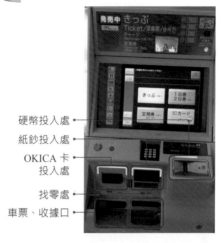

硬幣投入處 •

紙鈔投入處 •

OKICA 卡
投入處 •

找零處 •

車票、收據口 •

Step 3 使用 QR Code 驗票

Step 4 請依規定上下車

購票方式：一日券／二日券

Step 1 點選票種

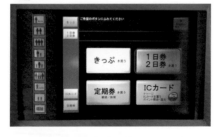

Step 2 點選人數

成人 ×1 •
成人 ×2 •
成人 ×3 •
成人 ×1+ 兒童 ×1 •
成人 ×1+ 兒童 ×2 •
成人 ×2+ 兒童 ×2 •
兒童 ×1 •
兒童 ×2 •
身障者 •

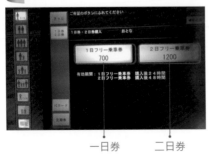

Step 3 點選「一日券」或「二日券」，投幣

一日券　　　二日券

購票方式：單程票

Step 1 點選票種

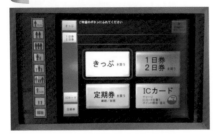

Step 2 點選人數

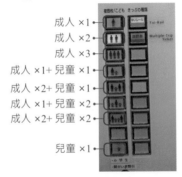

成人 ×1
成人 ×2
成人 ×3
成人 ×1＋兒童 ×1
成人 ×2＋兒童 ×1
成人 ×1＋兒童 ×2
成人 ×2＋兒童 ×2

兒童 ×1

Step 3 點選要去的站名，並依據螢幕顯示投入金額

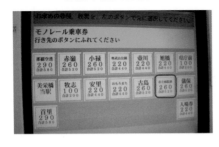

電車路線圖

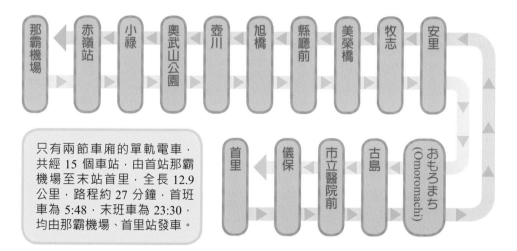

只有兩節車廂的單軌電車，共經 15 個車站，由首站那霸機場至末站首里，全長 12.9 公里，路程約 27 分鐘，首班車為 5:48，末班車為 23:30，均由那霸機場、首里站發車。

車站名稱	日文原名	著名景點
那霸機場	那霸空港駅	
赤嶺站	赤嶺駅	
小祿	小祿駅	
奧武山公園	奧武山公園駅	奧武山公園
壺川	壺川駅	
旭橋	旭橋駅	
縣廳前	県庁前駅	國際通
美榮橋	美栄橋駅	
牧志	牧志駅	國際通、平和通、壺屋
安里	安里駅	
おもろまち (Omoromachi)	おもろまち駅	新都心
古島	古島駅	
市立醫院前	市立病院前駅	
儀保	儀保駅	
首里	首里駅	首里城

悠閒度假小旅行

首里

首里城

守禮門

首里城

十三世紀末建造的首里城是琉球王國的象徵。在第二次世界大戰中的沖繩島戰役遭焚毀後，於 1992 年重建。正殿是琉球王國最大的木造建築物，以紅色為基調，結合日本與中國文化而成的獨特建築。首里城內的休憩中心「首里杜館」裡，提供園內古蹟相關資訊與周邊文化的歷史介紹，並設有琉球料理餐廳，及販賣首里自製商品的伴手禮專賣店。

開館時間	免費區	收費區
4 月至 6 月	08:00~19:30	08:30~19:00
7 月至 9 月	08:00~20:30	08:30~20:00
10 月至 11 月	08:00~19:30	08:30~19:00
12 月至 3 月	08:00~18:30	08:30~18:00

1 歡會門　2 龍樋　3 圓覺寺

圓覺寺　円覚寺跡

　　1494 年建立的臨濟宗總寺院，曾經香火鼎盛一時，大部分建築毀於第二次世界大戰，現今只復原放生池、放生橋、總門與掖門，是日本指定重要文化財產之一。

INFO

首里城
地址：沖縄県那覇市首里金城町 1-2
電話：098-886-2020
MAP CODE：331661633*71
門票：¥820 (持電車一、二日券享折扣¥660 團體票價)
網址：oki-park.jp/shurijo-park

圓覺寺
地址：沖縄県那覇市首里当蔵町 1-2
門票：免費參觀

圓鑑池、弁財天堂

天女橋

圓鑑池、弁財天堂、天女橋

　　在圓覺寺前的池塘為圓鑑池（円鑑池），
而在圓鑑池中央由紅瓦堆砌成的建築為「弁財天
堂」，為供奉女神弁財天而興建，連接小島的橋
為「天女橋」，現是日本最古老石拱橋之一，也
是日本指定重要文化財產之一。

> **I N F O**
> 地址：沖繩県那覇市首里当蔵町 1
> 門票：免費參觀

琉球茶坊

琉球茶坊

　　由弁財天堂走往電車站的路上，有間令人着
迷的日式庭園建築，琉球茶坊，販售道地沖繩家庭
料理，提供中、英、韓語菜單，搭配庭園美景「枯
山水」，是味覺與視覺的極致享受。

> **I N F O**
> 地址：沖繩県那覇市首里当蔵町 2-13
> 電話：098-884-0035
> 網址：www.ryoji-family.co.jp/ryukyusabo.html
> 營業時間：11:30~15:30、17:30~24:00

琉球茶坊

沖繩縣立博物館・美術館

新都心

　　除了有 DFS 免稅百貨外，還有天久樂市開放式商場、Main Place 百貨商場、電影院、藥妝店，及隱藏於巷弄的居酒屋可供選擇，是休閒度假的最佳去處。

沖繩縣立博物館　・　美術館

　　位於那霸市電車おもろまち站的縣立博物館・美術館，是沖繩縣最大的綜合文化設施，常與國外機構合辦展覽，種類繁多，來到新都心不妨到此體驗一場藝術文化的洗禮。

購票步驟

Step 1　依照規定選擇票券種類

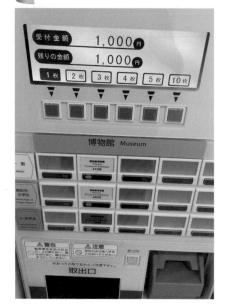

Step 2 投入金額

Step 3 取票口拿票

地址：沖繩縣那霸市おもろまち 3-1-1
電話：098-941-8200
開放時間：平日 09:00~18:00，假日 09:00~20:00。公休周一
網址：www.museums.pref.okinawa.jp
門票：（一般常設展）博物館￥410，美術館￥310

Main Place

Main Place 附近也有連鎖藥妝店

Main Place

　　新都心相當具有規模的百貨公司，主要進駐價格不高的日系服裝與日式雜貨、運動用品及書店「球陽堂書房」等，一樓是餐廳與超市，二樓設有電影院 Q Cinemas，是許多沖繩人假日必到的地方。

地址：沖繩県那霸市おもろまち 4-4-9
電話：098-951-3300
營業時間：09:00~24:00，商店至 22:00
網址：www.san-a.co.jp/store/shopping-center/post-63.html

Apple Town

　　沖繩連鎖超市集團 CO．OP 旗下的綜合商場，樓下除了有超市外，還有 Toysrus 專販售嬰兒用品、玩具，與供媽媽使用的哺乳用品等；二樓除了附設美食街外，還有迴轉壽司、牛排店、居酒屋等多間餐廳。

Apple Town

地址：沖繩県那霸市おもろまち 3-3-1
電話：098-941-8020
MAP CODE：331888847*60
營業時間：09:00~23:00
網址：www.okinawa.coop

1 在二樓也可看見牛排店的蹤跡　2 二樓有日本家庭連鎖料理「ガスト」　3~4 以販售豆腐鍋聞名的「東京純豆腐」

144

天久樂市

一樓有許多餐廳可選擇

天久樂市

在 Apple Town 旁的天久樂市，屬於開放型商場，腹地廣大，免費停車場眾多，內有日本平民服飾 Uniqlo、無印良品、Best 電器，還有超大型運動用品 Depo Sports，是購物必去的商場之一。

> **I** 地址：沖縄県那霸市天久 1-2-1
> **N** 電話：098-941-1188
> **F** MAP CODE：33218093*60
> **O** 營業時間：超市 24 小時，Uniqlo、Best 電器、Depo Sports 至 21:00，無印良品至 22:00
> 網址：ryubo.jp/store

Pet Box

日本的寵物飼料比臺灣便宜許多，也是家有寵物的旅客來日本必採買的項目之一，除了到各超市購買寵物飼料外，在天久樂市附近還有一家大型寵物用品專賣店「Pet Box」，內有貓狗飼料、寵物屋與各式各樣寵物用品，家裡若是有毛小孩的話，絕對不能錯過。

> **I** 地址：沖縄県那霸市おもろまち 3-5-11
> **N** 電話：098-941-1117
> **O** 網址：www.petbox.co.jp

Pet Box

1 | 2
3 | 4

1 各式各樣寵物用品，都在 Pet Box　2 內設寵物咖啡廳　3 依據年齡層而有各式各樣的幼童服飾　4 各式各樣兒童用品

西松屋

西松屋

　　以小兔子為商標的西松屋，是來自關西的幼童雜貨超市集團，分店遍及日本各地，光是沖繩就有 10 間左右，主要分為嬰兒、幼童、孕婦等，依據年齡層分類，內部常有價格促銷，可至官網查詢。

Ⓘ　地址：沖縄県那覇市おもろまち 3-4-26
Ⓝ　電話：098-861-8320
Ⓕ　營業時間：10:00~21:00
Ⓞ　網址：www.nishimatsuya.com

1 牛排是完整一塊,超級大方　2 來吃燒肉,肉品一定要點滿整桌　3 燒肉きんぐ

燒肉きんぐ

　　來到沖繩一定要體驗的燒肉吃到飽,燒肉きんぐ是日本相當有名的連鎖燒肉店,官網常可下載折扣券,依據肉品品質選擇,￥2,480 起就可以享用肉質軟嫩的燒肉。

I 地址:沖繩縣那霸市上之屋 1-1-1
N 電話:098-860-6038
F 營業時間:平日 17:00~24:00,假日 11:30~24:00;23:00 最晚入店
O 網址:www.yakiniku-king.jp

1 國際通入口　2~3 國際通上店家種類繁多　4 可以指定時間送達明信片的未來郵局

國際通

　　全長 1.6 公里的國際通，位於那霸市中心，是沖繩最熱鬧繁華的街道，每周日會進行封街，車輛不得進入，兩側布滿各式各樣伴手禮店、百貨公司、餐廳、時裝店等，是來沖繩一定要走訪的地點。

Ryobo 百貨

　　位於縣廳前站旁的 Ryobo 百貨是沖繩少數大型百貨，以流行時尚服飾為主，地下一樓也有超市，販賣各式食品、麵包店、餐廳等，更設有藝廊、雜貨店、咖啡廳等，六樓會場時常舉辦特賣會或各地物產展覽。

INFO

地址：沖繩縣那霸市久茂地 1-1-1
電話：098-867-1171
營業時間：10:00 開始，B1F 食品至 22:00，
　　　　　1F~2F 至 21:00，3F~8F 至 20:30
網址：ryubo.jp

Ryobo 百貨

市場本通

　　市場本通、中央通與平和通均屬傳統式的
商店街，巷弄裡有各式各樣特產店、食堂、百
元店、餐廳等，是來到國際通不可錯過的街道
之一。

第一牧志公設市場

　　有沖繩廚房之稱的第一牧志公設市場，一樓屬於市場區，海鮮區販賣許多新鮮魚貨，
豬肉區出售沖繩著名的三枚肉等，還有醃漬物區等，採真空包裝方便遊客攜帶，若是想
立即享用新鮮料理，可至二樓食堂區，除了有沖繩特色小炒外，還有代客烹調海鮮服務。

第一牧志公設市場入口位於市場本通內

INFO

地址：沖繩縣那霸市松尾 2-10-1
電話：098-867-0111
營業時間：約 08:00~20:00，二樓餐飲街
　　　　　11:00~19:00

花笠食堂位於平和通裡面的小巷

來到花笠食堂必嘗的沖繩麵

花笠食堂

　　分量大，價格低廉的花笠食堂，是沖繩相當受歡迎的家庭料理，每份套餐均含飲料與甜點，其中套餐所附贈的飲料頗具盛名，連在便利商店都看得到花笠食堂飲料的蹤跡。

> **I**　地址：沖繩県那霸市牧志 3-2-48
> **N**　電話：098-866-6085
> **F**　營業時間：11:00~21:00
> **O**

1~2 露天花園的珈琲屋臺，雨天休息　1 2

珈琲屋臺

　　在那霸最熱鬧的國際通附近，號稱最後一塊祕密花園的珈琲屋臺，隱藏在巷弄內，行動咖啡車的老闆佐知子小姐堅持

手動研磨咖啡豆，並在限時內沖泡，使咖啡
達到最完美的味覺饗宴。

INFO
地址：沖繩縣那霸市牧志 1-2-12
電話：098-8355-7883
營業時間：11:30~19:00，下雨天不營業

Calbee Plus

全日本僅有 7 間分店的 Calbee Plus，其中
一家實體店面就在沖繩國際通上，位於麥當勞正
對面，以彩色扶桑花妝點招牌，加上動作活潑的
馬鈴薯先生，符合沖繩熱情的風情，店內販售各
種商品，還有沖繩限定口味等，其中又以現
炸薯條最受遊客喜愛。

INFO
地址：沖繩縣那霸市牧志 3-2-2
MAP CODE：33157477*63
營業時間：08:00~20:00
網址：www.calbee.co.jp/antennashop

驚安の殿堂 ドン・キホーテ

2013 年進駐國際通的「驚安的殿堂」，別
名唐吉軻德，共有七層樓，地下一樓販售藥妝與
日用品外，一樓還有零食與沖繩特產等，各樓層
販售物品種類眾多，24 小時營業，購物至指定
金額可免消費稅，是深夜挖寶的好去處。

INFO
地址：沖繩縣那霸市松尾 2-8-19
電話：098-951-2311
營業時間：24 小時
網址：www.donki.com

首里天樓

　　除了一般傳統家常料理外，沖繩最為有名的是宮廷菜，但在沖繩只有部分餐廳提供，而在宮廷料理中，頗為有名就屬首里天樓，每晚還有提供琉球舞蹈和傳統沖繩樂器三線琴演奏，旅客可以一邊品嘗沖繩宮廷料理，一般欣賞傳統沖繩藝術表演。

> **I** 地址：沖繩縣那霸市牧志 1-3-60
> **N** 電話：098-863-4091
> **F** MAP CODE：33157409*42
> **O** 營業時間：11:00~24:00
> 　　網址：www.suitenrou.com

Splash

　　專門販售海洋風的日式雜貨店，主打貝殼類與星砂飾品、海軍風的服飾等，除了衣服與配件之外，還有帆布購物袋、貝殼髮飾等各式各樣海洋風產品，是購買伴手禮的選擇之一。

> **I** 地址：沖繩縣那霸市松尾 2-5-11
> **N** 電話：098-867-7237
> **F** MAP CODE：33157346
> **O** 營業時間：10:00~22:00

Mango House

　　來到熱情四射的沖繩，一定要買一件能代表沖繩的衣服，Mango House 販售號稱「沖繩的夏威夷衫」，鮮豔的紅色招牌，搭配代表沖繩的花朵與海洋風服飾，衣服質感佳，正式又帶點休閒，頗受當地人喜愛。

> **I** 地址：沖繩縣那霸市松尾 2-8-4
> **N** 電話：098-863-9266
> **F** MAP CODE：33157347
> **O** 營業時間：10:00~22:00

我部祖河食堂

　　開業至今超過 40 年的我部祖河食堂，最初是販賣豬肉與鮮魚的路邊攤，創始人研製豬肉搭配具有嚼勁的沖繩麵，濃郁的湯頭廣受沖繩人喜愛，進而有「沖繩麵始祖」之稱，至今約有 7 間分店，其中名護本店以及位於國際通附近的美榮橋分店最受遊客喜愛。

I N F O

網址：www.gabusokasoba.com

美栄橋駅前店

地址：沖繩県那覇市牧志 2-18-1
電話：098-869-9122
營業時間：10:30~21:00

本店

地址：沖繩県名護市我部祖河 177
電話：098-052-2888
營業時間：10:30~18:00

コザ店
Ⓘ Ⓝ Ⓕ Ⓞ
地址：沖縄県沖縄市上地 4-20-1
電話：098-933-4778
營業時間：11:00~21:00

泡瀬店
地址：沖縄県沖縄市泡瀬 1-2-29
電話：098-939-2456
營業時間：11:00~21:00

中城店
地址：沖縄県中城村字久場 2018-1
電話：098-895-5223
營業時間：平日 11:00~18:00，假日 11:00~20:00

西原店
地址：沖縄県西原町字小那覇 1565
電話：098-945-3299
營業時間：11:00~20:00

げんじや～店
地址：沖縄県那覇市牧志 3-9-43
電話：090-3792-3093
營業時間：10:00~24:00

Bambohe 燒肉

　　位於國際通附近的平價燒肉店，中午還有推出特價優惠，只需 ￥1,500 內就可以品嚐到沖繩燒肉，加上極佳的交通位置，享用燒肉吃到飽後，還可以到隔壁「驚安的殿堂」採購。

Ⓘ Ⓝ Ⓕ Ⓞ
地址：沖縄県那覇市牧志 1-3-47
電話：098-861-4129
MAP CODE：33157472
營業時間：11:00~23:00。全年無休
網址：www.hotel-yamanouchi.jp/bambohe.html

平和通　　　　　　　　　　　　　具有 200 多種調味鹽的鹽屋　　　平和通內有許多便宜伴手禮店

平和通

　　位於國際通南邊，呈現樹枝狀分布的露天商店街，除了沖繩當地的各種食材外，不論是日常用品、手工藝品，甚至還有伴手禮等，種類繁多，號稱「沖繩活力泉源」的商店街。

壺屋

壺屋燒物博物館

　　至今超過 300 年歷史的壺屋燒物博物館，門前的柱子為陶製龍柱，一樓展示各種陶瓷，包含沖繩及世界各地的作品，附有詳細解說，二樓則是陶燒用具，以及介紹陶燒製法、技藝等相關介紹，重現過往琉球陶瓷的輝煌時代。

壺屋 (佩佩提供)

- Ⓘ 地址：沖繩縣那霸市壺屋 1-9-32
- Ⓝ 電話：098-862-3761
- Ⓕ 開放時間：10:00~18:00
- Ⓞ 門票：￥315

櫻坂劇場

　　2005 年創立的櫻坂劇場，座落於電車牧志站附近，專門播放沖繩當地製作，以及世界各地的非主流電影，期間還會舉辦電影節、劇場工作坊，還有小型音樂發表會等藝文活動，是那霸市相當知名的藝文中心。每周約上映 10 部電影，場次不多，全程日語播放，詳細內容可至官網查詢。一樓設有咖啡廳，二樓則是許多日式雜貨與陶瓷寄賣區，是周末休閒的好去處。

櫻坂劇場（佩佩提供）

> ⓘ 地址：沖繩縣那霸市牧志 3-6-10
> Ⓝ 電話：098-860-9555
> Ⓕ MAP CODE：33158271
> Ⓞ 營業時間：10:00~23:00
> 　 網址：sakura-zaka.com

假日許多家長會帶小朋友來公園

慶典必有的小吃攤販

奧武山公園

　　為那霸慶典會場舉行地的綜合性運動設施，含陸上競技場和棒球場、游泳池、網球場等運動設施，也是每年那霸馬拉松的起跑點與終點；除那霸慶典外，產業慶典等重大活動，也都會在這個公園舉行。

> ⓘ 地址：沖繩縣那霸市奧武山町 52
> Ⓝ 電話：098-858-2700
> Ⓕ
> Ⓞ

護國神社

　　護國神社內供奉著護國英靈，以及第二次世界大戰在沖繩島戰役中所犧牲的當地士兵和普通市民，至今神社內供奉總數已高達 17 萬之多，前身是為了祭祀於甲午及日俄戰爭中，為國捐軀的士兵而創建的招魂社。在 1940 年 7 月 1 日被內務大臣指定為護國神社，因而改名，而社殿在 1945 年 4 月的沖繩島戰役毀壞，1959 年 4 月建成臨時宮殿。

I 地址：沖繩縣那霸市奧武山町 44
N 電話：098-857-2798
F MAP CODE：33096820*82
O 開放時間：神社全天可自由參拜，
　　　　　　正殿禮拜廳 08:00~18:00

旭橋站

波上宮

　　被稱為「沖繩總鎮守」的波上宮，是琉球八社之一，神社內供俸熊野權現三神，分別為事解男尊、伊奘諾尊、速玉男尊。

I 地址：沖繩縣那霸市若狹 1-25-11
N 電話：098-868-3697
F MAP CODE：33195892*48
O 開放時間：全天可自由參觀

波之上海灘

　　那霸市內唯一的海灘。從國際通搭計程車約
10 分鐘即可抵達。隔著波上宮一分為二，附近還
有使用沖繩縣農產品的速食店「JEF」和遊樂場，
海灘旁附設的更衣室、洗手間可使用，沙灘上有遮
陽傘和躺椅出租，無水上活動。

地址：沖繩縣那霸市若狹 1-25
電話：098-866-7473
MAP CODE：33185056*01

護國寺

　　位於那霸市若狹的護國寺，是
沖繩縣一座高野山真言宗寺院。山
號波上山、院號三光院，供奉觀世
音菩薩，是沖繩縣現存歷史最久遠
的寺院。

地址：沖繩縣那霸市若狹 1-25-11
MAP CODE：33195892*48
開放時間：全天可自由參觀

Jack's Steak House

　　道地美式口味的牛排餐廳，曾獲美國餐廳評鑑 A 級，從門外顯示的紅綠燈分布圖，可看出店內坐位狀況，招牌餐點為牛排，搭配大蒜麵包與沙拉濃湯，使得許多日本人慕名而來。

> **INFO**
> 地址：沖繩県那霸市西 1-7-3
> 電話：098-866-7473
> MAP CODE：33155087*08
> 營業時間：11:00~01:00
> 網址：www.steak.co.jp

福州園

　　1992 年那霸市和中國福州市結為友好城市，福州園是以福州市名勝為雛形而興建的中國式庭院，為紀念友好城市締結 10 周年，及那霸市升格為「市」70 周年而特地建造。在琉球貿易繁盛時代，選用對沖繩文化影響最大的中國建築風格，池塘、假山、瀑布、盆栽、雕刻等一應俱全，是一座可以讓人放鬆、感到悠閒的庭院。

> **INFO**
> 地址：沖繩県那霸市久米 2-29
> 電話：098-951-3239
> 開放時間：09:00~18:00。公休周三

I　網址：www.okinawa-steak.com
N
F　**東町店**
O　地址：沖縄県那霸市東町 4-8
　　　電話：098-868-4670
　　　MAPCODE：33156006*41
　　　營業時間：11:30~15:00、17:00~23:00

松尾店
地址：沖縄県那霸市松尾 1-3-8
電話：098-862-2990
營業時間：17:00~23:00

國際通店
地址：沖縄県那霸市久茂地 3-4-1
電話：098-868-4670
營業時間：11:30~15:00、17:00~23:00

美浜店
地址：沖縄県北谷町美浜 15-67
電話：098-926-3053
營業時間：11:30~15:00、17:00~23:00

Captain's inn 鐵板燒

　　共有 5 間分店。以著名的沖繩牛排聞名，華麗且一流的花式鐵板燒，各桌設有專屬主廚，在你眼前展現快速切菜、空中拋接、調味技術等，可以近距離看見大蒜吐司的空中翻轉，欣賞青椒的快切技術，結合視覺與味覺的雙重享受。

甘味處－萬丸　　甘み処 - 万丸

　　來自名古屋的甜點店萬丸，延續名古屋點飲料送早餐的習慣，快速在沖繩當地建立起相當的知名度，除了日式甜點，如紅豆湯、抹茶甜點外，還有每日限量餐點可供選擇。

I　地址：沖縄県那霸市泉崎 1-9-7
N　電話：098-867-2593
F　營業時間：07:30~18:00
O

1~3 甘味處 - 萬丸

小祿站

　　單軌電車小祿站旁，集結二手服飾店、AEON 百貨、藥妝店、百元商店等眾多店家，若是時間有限，小祿站可以一次滿足購物、美食等需求。

通堂拉麵

　　於 2002 年創立的通堂拉麵，目前設立 5 間分店，其中單軌電車小祿站的分店廣受臺灣旅客喜愛，店內附設中文菜單，點餐前需先購買餐券，以濃郁豬骨高湯為底的男人麵，和鹽味清湯的女人麵最受歡迎，店面免費的辣豆芽菜與餃子，更令旅客讚不絕口。

I 地址：沖繩縣那霸市金城 5-4-6
N 電話：098-857-5577
F 營業時間：11:00~01:00
O 網址：www.ryoji-family.co.jp/
　　　ryukyushinmen_tondo.html

1 2
3 4

1 小祿站也有藥妝店與百元商店　2 位於小祿和赤嶺站中間的 Ringer Hut 也是必訪美食之一
3 通堂拉麵　4 可選擇豚骨或鹽味湯底

AEON 百貨

　　位居日本零售業龍頭的 AEON 集團，旗下自營超市品牌「Max Valu」販售許多食品、服飾等各式各樣的生活用品，各家分店還有集結專櫃的商店街，包含許多餐廳的美食街，大型電器量販店的 Best 電器，休閒服飾品牌如 Uniqlo，鞋子、各式生活雜貨等商店，一應俱全。

> **I N F O**
> 北谷店
> 地址：沖縄県北谷町字美浜 8-3
> 電話：098-982-7575
> MAPCODE：33526212
> 營業時間：10:00~24:00；食品賣場 07:00 起，免稅櫃檯 10:00~23:00

I
N
F
O

南風原店
地址：沖繩縣島尻郡南風原町字宮平 264
電話：098-940-6100
MAPCODE：33103592
營業時間：10:00~24:00；食品賣場 07:00 起，
　　　　　免稅櫃檯 10:00~22:00

具志川店
地址：沖繩縣うるま市前原幸崎原 303
電話：098-983-6565
MAPCODE：33626107
營業時間：10:00~24:00；食品賣場 07:00 起，
　　　　　免稅櫃檯 10:00~22:00

AEONRYCOM 店
地址：沖繩縣中頭郡北中城村比嘉（泡瀨土地
　　　區劃整理事業地內）
電話：098-930-0425
MAPCODE：33530406
營業時間：10:00~22:00；免稅櫃檯 10:00~22:00

那霸店
地址：沖繩縣那霸市金城 5-10-2
電話：098-852-1515
MAPCODE：33095153
營業時間：10:00~24:00；食品賣場 07:00 起，
　　　　　免稅櫃檯 10:00~23:00

名護店
地址：沖繩縣名護市見取川原 4472
電話：098-054-8000
MAPCODE：206688642
營業時間：09:00~24:00；食品賣場 07:00 起，
　　　　　免稅櫃檯 10:00~22:00

暖暮拉麵

在 2002 年福岡放送舉辦的九州拉麵，票選得到第一名頭銜的暖暮拉麵，在沖繩共有 4 間分店，最受歡迎的莫過於位於國際通附近的牧志店，但小祿站的分店比較不需要排隊。店內採用售票機點餐，招牌「烈火拉麵」可以依據個人喜好填寫辛辣度，喜歡吃辣的旅客絕對不能錯過。

I
N
F
O

網址：www.danbo.jp/shop/index.html

牧志店
地址：沖繩縣那霸市牧志 2-16-10
電話：098-863-8331
營業時間：11:00~02:00

小祿店
地址：沖繩縣那霸市金城 5-11-7
電話：098-996-4056
營業時間：11:00~02:00

糸満店
- **I** 地址：沖繩県糸満市阿波根 1556-1
- **N** 電話：098-995-3969
- **F** 營業時間：11:00~02:00
- **O**

中城店
- 地址：沖繩県中頭郡中城村字南上原 521-2
- 電話：098-917-5030
- 營業時間：11:00~02:00

美原店
- 地址：沖繩県沖繩市美原 3-19-10
- 電話：098-939-0666
- 營業時間：11:00~02:00

赤嶺站

oHacorté

自 2009 開店、以水果塔聞名的 oHacortéo，鋪上新鮮水果，加上烘烤 4 次的塔皮頗受遊客喜愛，尤其在港川外國人住宅區的港川本店，店內鄉村風格的裝潢，店外布置成野餐庭園，讓人彷彿置身戶外野餐的美好體驗。

- **I** 網址：www.ohacorte.com/index.php
- **N**
- **F** **港川本店**
- **O** 地址：沖繩県浦添市港川 2-17-1
- 電話：098-875-2129
- 營業時間：11:30~19:00

松尾店
- 地址：沖繩県那霸市松尾 1-9-47
- 電話：098-866-4454
- 營業時間：11:30~20:00

赤嶺站小祿店
- 地址：沖繩県那霸市赤嶺 1-4-1
- 電話：098-851-3215
- 營業時間：10:30~20:00

那霸空港店
- 地址：沖繩県那霸市鏡水 150 番地
- 電話：098-840-1276
- 營業時間：06:30~20:30

觀光兩日遊

　　由於沖繩部分景點地理位置較為偏遠，距離市區車程需要一個小時以上，加上巴士班次並不多，且費用昂貴，若是休假或前往下個換宿期間空檔達連續兩日以上的話，建議可租車自駕遊沖繩，不僅方便又便宜。

租車停看聽

・免國際駕照

　　只要拿臺灣駕照到監理所辦日文譯本，工本費 100 元，帶著臺灣駕照與日文譯本到沖繩租車即可，完全不需要國際駕照。

・中文也可通

　　沖繩最著名的租車中心是 OTS，可直接上中文官方網站預約租車，如有任何問題，也可直接打電話詢問臺灣的分公司，相當方便。

・右駕慢慢來

　　許多人擔心右駕不會開，加上道路不熟悉，害怕造成交通事故，其實只要記得「左轉直接轉，右轉在對面」的口訣，然後一路慢慢開，再加上「新手駕駛」的貼紙，基本上沖繩的車子就會自動和你保持安全距離。

・GPS 好幫手

　　來到沖繩只要將想去的地方，無論是景點、餐廳，輸入電話或是 MAP CODE，GPS就會清楚顯示到目的地距離，與所需要的時間，是規劃行程的得力助手。

・免費停車場

　　基本上只要出了那霸市區，大部分的沖繩餐廳都附設免費停車場，停車相當方便。因此若是欲前往市區外的景點，強烈建議租車自駕遊。

・租還車容易

　　只要選擇距離機場最近的臨空豐崎事務所領車，一下飛機出海關，就會有拿著 OTS牌子的工作人員迎接你，只要提供租車姓名，就可搭乘免費接駁車前往事務所領車。還車時，事務所附近均有加油站，加滿油後還車，也可搭乘免費接駁車前往機場。

1 2
3 4

1 可向租車中心免費索取黃綠色磁鐵貼紙,代表新手駕駛　2 GPS 可選擇中文發音,介面多為漢字,閱讀無障礙
3 OTS 有會說中文的工作人員解說租車注意事項　4 還車時需加滿油箱

· **安心保險好**

　　領車同時建議加購只需 ¥ 500 左右的安心保險(安心パック),內容包含鑰匙鎖在車內、爆胎、沒電、事故拖車等都不需額外付費,就連遇到塞車延後還車的罰金都可免費,只能說安心保險真的非保不可!

· **Wi-Fi so easy**

　　若是想要無流量限制的上網服務,可以加租 Wi-Fi 無線分享器,5 天只要 ¥2,000,最高可分享 5 臺手機與平板電腦,還車時再歸還即可,相當便宜又方便,是 OTS 租車中心的獨家服務。

· **省錢小祕訣**

　　由於日文官網租車價格比中文官網便宜許多,建議可使用日文官網預定租車,收到預約確認信後,寫中文回信詢問,只要註明日期、人數、租用天數、車型與是否租借 Wi-Fi 機等相關內容,即可用日文官網版本的價格租車。

I N F O

超有用連結
· OTS 租車:www.otsinternational.jp/otsrentacar/cn
· 詳細租還車流程與中文影片說明:lailai-web.com/how-to-rent-a-car
· 或可上 Youtube 搜尋 OTS 的 GPS 使用方法教學。

1~2 萬座毛　3~4 殘波岬（Dexter Hung 提供）

萬座毛　万座毛

琉球王朝時代的尚敬王曾評價此地為：「能供萬人坐下的『毛』」。「毛」在沖繩指的是原野，於是讓這裡有了「萬座毛」之稱。

坐在一望無際的天然草坪上，眺望伊江島與沖繩本島北部的萬座毛，是沖繩首屈一指的景觀名勝，也是日本的國立自然公園。因為海浪長年侵蝕石灰岩所形成的懸崖峭壁，遠看彷彿象鼻般的獨特景觀，令人不禁讚嘆大自然的鬼斧神工。

- ℹ️ 地址：沖繩県国頭郡恩納村字恩納
- Ⓝ 電話：098-966-1210
- Ⓕ MAP CODE：206312038*55
- Ⓞ 備註：無需門票，停車免費

殘波岬　殘波岬

　　隆起的珊瑚礁斷崖所造成的殘波岬，位於讀谷村西北端，是來到沖繩必訪的景點之一。斷崖旁的白色燈塔是附近海域的守護神，再往上走約 5 分鐘，有一個小型開放空間，可憑欄眺望本部半島。周圍修建人行步道，供遊客散步、拍照，草坪前的廣場設有餐廳，可在此停留用餐，時間充裕的話，還可散步至沖繩票選第一名的殘波海灘。

> **I** 地址：沖縄県中頭郡読谷村字宇座
> **N** 電話：098-982-9216
> **F** MAP CODE：1005685378*55
> **O** 備註：燈塔售票櫃檯有提供紀念章

艾葵露雀教堂　Aqualuce Chanel

　　佇立於全日空萬座海濱洲際酒店旁的艾葵露雀教堂，以純白色貝殼為概念所設計而成，結合義大利文的「Aqua」（水）與「Luce」（光）而來。教堂前廣闊的白色沙灘，搭配上碧海藍天的景色，是許多新人嚮往的結婚場地，雖然內部不開放參觀，但光是外部就可謀殺許多底片。

> **I** 地址：沖縄県恩納村瀬良垣 2260
> **N** 電話：098-859-4139
> **F**
> **O**

克菈薇塔教堂　Coralvita Chapel

　　同樣位於全日空萬座海濱洲際酒店旁的克菈薇塔教堂，是以紅色屋瓦與仿哥德式高尖塔的猶太教正統派教堂，可將萬座毛美景盡收眼底，是絕佳的觀景勝地。Coralvita 是由象徵幸福的「Coral」（珊瑚礁）與「Vita」（生命）所組成的複合字。

> **I** 地址：沖縄県恩納村瀬良垣 2260
> **N** 電話：098-859-4139
> **F** 注意：內部預約始得參觀
> **O**

克麗絲蒂教堂　Lazor Garden Alivila Cristea Church

2011 年開幕的克莉絲蒂教堂，擁有私人宴會場所，婚禮入門費用較高。教堂玻璃由施華洛世奇（Swarovski）水晶裝潢，搭配 12 公尺的水晶進場大道。結合「lazo」（不可分割的關係）和「amor」（愛），即為新人在不可分割的愛下獲得幸福。

> **I N F O**
> 地址：沖繩縣中頭郡読谷村字儀間 600
> 注意：內部預約始得參觀

水晶裝潢建築而成的夢幻場所

沖繩世界文化王國村‧玉泉洞　おきなわワールド

沖繩世界文化王國村‧玉泉洞是沖繩南部最大的主題樂園，結合毒蛇博物館、琉球王朝時代的街道房屋、體驗工房與熱帶水果園等多項設施，其中歷經大約 30 萬年而形成的大鐘乳洞「玉泉洞」，是園中焦點之一，全長約 5 公里，目前開放參觀至 890 公尺。

> **I N F O**
> 地址：沖繩県南城市玉城前川 1336
> 電話：098-949-7421
> 營業時間：09:00~18:30
> 門票：玉泉洞＋王國村＋毒蛇博物館 ￥1,650，玉泉洞＋王國村￥1,240，王國村￥620，毒蛇博物館：￥620

港川外國人住宅

　　港川外國人住宅是第二次世界大戰後，派駐沖繩駐守的美軍軍眷所居住的地方，現大多已空置，但招牌仍沿用美國各州州名區分，只是轉由特色咖啡廳與雜貨店進駐，成為沖繩獨特的景點之一，知名水果塔甜點店 oHacorté（P164）便是其中之一。

I
N
F
O

網址：okisho.com/foreigner-house

普天滿宮　普天満宮

　　位於宜野灣市普天間的普天滿宮，是琉球八社之一，也是宜野灣市唯一的神社。以地底鐘乳洞聞名，又名普天滿宮洞穴，位於正殿後方。普天滿宮融合日本神道和琉球神道的元素，祭祀日本神道熊野權現中的天照大神、家都御子神、伊弉諾尊、速玉男尊、事解男尊，以及琉球神道中日之神、天神、地神、龍宮神、普天滿女神、海神六位神祇。

I
N
F
O

地址：沖繩縣宜野灣市普天間 1-27-10
電話：098-892-3344
MAP CODE：33438614*72
開放時間：10:00~17:00

海中道路　海の駅

海中道路（Road Park）是連接與勝半島和平安座島的專用道路，全長 4.75 公里，名為「平安座海中大橋」。由此眺望大海，還可通往平安座島、宮城島、伊計島等風景優美地區。「海的車站」位於海中道路防波堤上的休憩公園旁，設有餐廳及伴手禮等，外型設計成琉球王國的朝貢船，二樓設有海的文化資料館，附有介紹說明，不少當地人會前來玩風帆。

I 地址：沖繩縣うるま市與那城屋平 4
N 電話：098-978-3619
F MAP CODE：499576380*22
O

勝連城跡

　　為了拯救水深火熱中的百姓，阿麻和利當上了勝連城主，而勝連城就是阿麻和利所居住的城，城跡是建在沖繩本島中部勝連半島根源處的丘陵上，向北可以眺望金武灣，南有中城灣，東有宇流麻市（うるま）的離島，除了具有軍事價值，更占盡海上貿易之優勢。由於向南可以眺望到知念半島、久高島，和護佐丸的居城「中城城跡」等，因此也成為觀景勝地。

INFO
地址：沖繩県うるま市勝連南風原 3908
MAP CODE：499570170*77

海洋博公園、沖繩美麗海水族館
海洋博公園、沖繩美ら海水族館

　　在 1975 年，為了慶祝沖繩國際海洋博覽會的成功，沖繩縣政府建立占地 70 萬平方公尺的紀念公園，南北長 3 公里。寬闊的園內可使用電動接駁車代步，一日周遊券 ¥200。園內著名的「美麗海水族館」是以陽光、花朵與海洋為宗旨創立，另設有「熱帶夢幻中心」、「海豚劇場」等景點；每年 2 月上旬花卉展，7 月下旬的夏季煙火晚會，是沖繩北部重要的觀光景點區。

- **I** 地址：沖繩縣國頭郡本部町石川 424
- **N** 電話：098-048-2741
- **F** MAP CODE：553075767*43
- **O** 開放時間：3 月至 9 月 08:00~20:30，其餘月分 08:00~19:00

今歸仁城跡　今帰仁城跡

　　今歸仁城是 1429 年琉球王朝統一前，統治北山國的王國城堡，又稱為「北山城」，是沖繩有名的城跡之一。2000 年 12 月登錄為世界遺產，2006 年入選日本百大名城，在今歸仁城跡入口處設有「今歸仁村歷史文化中心」，城內約有 200 棵櫻花樹，每年 1 月下旬至 2 月上旬舉行櫻花祭，祭典期間城蹟開放至晚間，是賞夜櫻的最佳場所。

- **I** 地址：沖繩縣國頭郡今歸仁村今泊 5101
- **N** MAP CODE：553081445*52
- **F** 開放時間：5 月至 8 月 08:00~17:00，其餘月分 08:00~16:00；櫻花祭 08:00~21:00
- **O** 門票：成人￥400，停車場免費

古宇利大橋

　　2005 年開通，全長將近 2,000 公尺，連接屋我地島與古宇利島，是日本最長的免費跨海大橋，繞島一周僅需 25 分鐘，島上最有名的為馬糞海膽，是每年夏天必嘗的料理之一。

- **I** 電話：098-056-2101
- **N** MAP CODE：485632880*01
- **F**
- **O**

1~2 今歸仁城跡 　3~4 古宇利大橋

餐廳

元祖海葡萄

元祖海葡萄蓋飯

　　海葡萄是沖繩的名產之一，而位在恩納村的元祖海葡萄為直營專賣店，必點的海葡萄蓋飯，裡面的材料還有海膽、鮭魚等，平均預算為￥1,500。

- Ⓘ 地址：沖繩縣恩納村恩納 6092-1
- Ⓝ 電話：098-966-2588
- Ⓕ MAP CODE：206251354*74
- Ⓞ 營業時間：11:00~22:00

Ashibinaa Outlet

Ashibinaa 是沖繩唯一的 Outlet Mall，位於沖繩南部豐見城市，距離那霸機場僅需 15 分鐘車程，從機場可搭乘接駁車前往，內含名牌服飾、生活用具、運動用品、餐廳等超過百家商店進駐其中。

> **I** 地址：沖繩縣豐見城市字豐崎 1-188
> **N** MAP CODE：232544541*78
> **F** 營業時間：10:00~20:00
> **O** 網址：www.ashibinaa.com

山的茶屋 - 樂水

奧武島中本鮮魚店

山的茶屋－樂水　山の茶屋・楽水

位於沖繩南部，木造式建築，牆壁由天然岩石建造，從觀景座位可眺望海洋，店後面的庭院有散步小徑和展望臺，庭院布置相當精巧，店內常有藝術家設展。

> **I** 地址：沖繩縣南城市玉城字玉城 19-1
> **N** 電話：098-948-1227
> **F** 營業時間：11:00~18:00
> **O**

奧武島中本鮮魚店

位於沖繩南部的奧武島，同樣也是用橋梁聯繫著沖繩本島，面積僅 0.23 平方公里，島上人口約 1,000 人，是個迷你小島，開車繞島一圈約 20 分鐘不到，其中以中本鮮魚店的炸天婦羅最為有名，平均只要￥65 的天婦羅，吸引許多遊客專程前往。

> **I** 地址：沖繩縣南城市玉城字奧武 9
> **N** 電話：098-948-3583
> **F** 營業時間：10:00~18:30
> **O** 網址：nakamotosengyoten.com

濱邊的茶屋　浜邊の茶屋

　　和山的茶屋 - 樂水為同一個老闆所開設，濱邊的茶屋設在新原海灘附近，可眺望夕陽海景，店內除設置觀景座位與戶外區，更設有沙灘休憩區，除了販售下午茶與咖啡外，還有正餐可供選擇。

- **I** 地址：沖繩県南城市玉城玉城 2-1
- **N** 電話：098-948-2073
- **F** 營業時間：10:00~20:00
- **O** 網址：hamabenochaya.com

濱邊的茶屋

パヤオ直売店

　　位於泡瀨漁港內，是沖繩漁業協同組合經營的批發魚市場，雖然規模不大，但和那霸市的泊港相比，地理位置較佳，海產販賣部販售當日新鮮漁貨，附設食堂，均為海鮮定食套餐，另附免費茶水。

- **I** 地址：沖繩県沖繩市泡瀨 1-11-34
- **N** 電話：098-938-5811
- **F** MAP CODE：33565341*87
- **O** 營業時間：4 月至 9 月 10:30~18:00，
　　　　　　10 月至 3 月 10:30~17:30

燒肉乃我那霸

　　燒肉乃我那霸是日本唯一生產 Agu 豬的「我那霸畜產」直營的燒肉店，店內燒肉由市內農場直接配送，肉質新鮮，價錢便宜，縣產和牛、土雞等也都是店內明星商品，是來到沖繩必須品嘗的美食之一。

- **I** 地址：沖繩県名護市宮里 1410-1
- **N** 電話：098-053-5017
- **F** 營業時間：11:00~15:00、17:00~23:00
- **O** 消費方式：單點或吃到飽，附設停車場

Orion 啤酒工廠

　　在沖繩提到想要喝啤酒，就非 Orion 啤酒莫屬，若是想要品嘗 Orion 啤酒，可到名護工廠參觀，了解如何製作新鮮且品質優良的啤酒外，參觀工廠後還可免費試喝 Orion 啤酒。

- **I** 地址：沖繩県名護市東江 2-2-1
- **N** 電話：098-052-2136，098-052-2137
- **F** 營業時間：10:00~19:00
- **O** 注意：參觀需預約

WWOOFree
woman
有話要說

5

關於出發前

給自己一個心願

22 歲那年，我給自己一份很滿意的畢業禮物，前往美國打工度假。那是一場不願醒來的美好經驗，如夢一般的令人陶醉，好美，真的好美。

在美夢初醒後的自己，開始墜入水泥叢林的現實泥沼，成了朝九卻不晚五的上班族，每日都與加班為伍，為了微薄的薪資奮鬥著。於是，投入職場後，每每遇到不如意的狀況時，就會拿出照片一再回味，讓心回歸到旅行的自己，那個開心的自己。

或許是心中叛逆的因子仍隱隱作祟，我，還是渴望旅行。好想，真的好想。

沖繩麵

宮古島大橋

每天滑著手機，和正在流浪的朋友談天，聽著她在加拿大經歷的美好，享受來自世界各地的美食，交換彼此的故事，好繽紛好鮮豔，同時也令我好欽羨。當好友詢問自己的近況時，一如往常的加班，繁瑣的文書工作，簡單卻一再重複的行政作業，如陀螺般旋轉，每天都將自己的腦袋放到最空，大概就像是個機器人罷了，噢，還是無腦的那種。

腦海中不時盤旋著：「飛吧！走吧！猶豫不決總有一天會後悔。」的想法。

由於內心的渴望大於現實的安定，不安於現狀的心正蠢蠢欲動著，在 24 歲那年，我毅然決然的辭職了，選擇了一條和大家背道而馳的道路，一條人煙稀少的路。

　　決定給自己一個「Career Break」，不讓枯燥且乏味的生活吞食自己，離開習以為常的舒適圈，再次從旅行中找回快樂。由於曾經有美國打工度假的經驗，在行前準備上，包含如何申請簽證，購買機票等皆都難不倒我，於是辭職後，我便開始著手準備前往日本打工度假。

Career Break VS. Gap Year

　　「Career Break」指的是已經有工作的人辭職旅行，調整身心，利用這段時間學習充電；「Gap Year」指的是大學剛畢業的新鮮人，在投入職場前的旅行，透過旅行中學習。

　　原本我希望能前往日本打工度假，但簽證申請後卻沒能入選，不甘心的我繼續著手準備第二次，在文件申請過程中，穿上襯衫重新拍攝正式大頭照，為了呈現完美且毫無瑕疵的資料，全程使用黑筆，只要寫錯一個字就重新再寫一張，有點強迫症的用光一支新買的黑色原子筆。繳交申請簽證的文件前，再給專業的代辦公司反覆檢查，每個細節更加謹慎小心一再地反覆檢查仔細，但還是被日本交流協會拒絕了。

沖繩夕陽

　　辭職成為不折不扣的無業遊民，想要長時間在異地旅行，在荷包有限的情況下，我發現了打工換宿這個選項。「真心想要完成某件事情，全世界都會聯合起來幫你。」那是相比於打工度假，規定更加寬鬆，申請也更加簡單的一個選項。

　　如果你也想到異鄉長時間旅行，但荷包有限；想申請打工度假簽證，但規定年齡已過，或是申請簽證失敗；想嘗試各種工作體驗，卻苦無機會；想結交外國朋友，卻不知道要在哪認識人；想真正的深入當地生活，而非一般的走馬看花；或是覺得一年太長，擔心回國無法與生活接軌，害怕工作經驗增添一筆空白履歷……

　　那你千萬千萬要嘗試「打工換宿」這個選項。

　　可以試著將遙遠的外國設定成鄰近的日本；將一年的旅行化身成三個月，甚至是一周的體驗，將到美食餐廳轉換成當地料理，捨棄高級飯店，住進當地人的房間，然後創造專屬於自己的精采故事。

民宿主人彈奏日本樂器

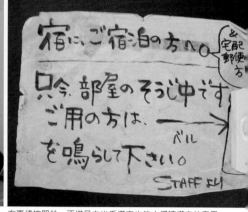

有事情按門鈴，不懂日文光看漢字也能大概讀懂它的意思

因為你也會和我一樣，愛上這樣的「旅行」。

克服旅行前的憂慮

語言只是一種溝通方式，如果你問我，日文不好可不可以去日本打工換宿？答案絕對是可以。

因為在出發前往沖繩換宿前，我是一個五十音都還背不太熟的人，只會簡單的「你好」、「謝謝」、「不客氣」這種超基本的日常用語。來到沖繩後，我壓根兒都沒想到沖繩當地的方言和日語完全不同的這件事情，甚至還一度竊喜自己日文不好，因為不論是日語還是方言，我統統聽不懂！

或許你會覺得我很有勇氣，但說穿了就是一種臉皮厚到子彈也打不穿的那種強度，誰也料想不到，曾經我也是個害怕講英文的人，但在某個夜晚，友人這樣告訴我：「我們看到外國背包客說著口音奇怪的中文時，不會想取笑他，甚至會稱讚對方中文說得很好；一樣的，如果你一句英文也不會就出國，我想外國人也不會取笑你，甚至佩服你有勇氣敢獨自旅行。」

從那時候開始，每當有人說了一連串我聽不懂的語言，我開始懂得試著用簡單的字句，搭配比手畫腳的方式溝通，透過對方表情和眼神來揣摩意思，逐漸地發現，原來語言只是一種表達方式，即使一句當地語言也不會，我們都還是能透過比手畫腳來傳達所要表達的意思。

因為溝通從來就不只有一種方式，更何況我們是前往漢字也能通的日本。

帶了一大一小的行李箱塞在後車廂

宮古島免費潛水

到底該準備哪些東西？

　　雖然已經不再是背包新手，但在前往沖繩打工換宿前一晚仍然無法順利入眠，身上的細胞正在為隔天即將啟程的旅行做準備，全身開啟了無法停止的按鈕。

　　開始擔心一路上天氣是否晴朗，於是放了雨傘以備不時之需；開始擔心日夜溫差，於是塞了兩件外套做為替換；開始擔心氣溫乾燥，帶上了個人專用保養品；為了要拍美美的照片，又默默地塞入化妝與卸妝品，然後還有相機、手機、筆電，甚至是睡前抱的玩偶，我打包了整整 20 公斤的行李。

　　心想：連玩偶都帶了，那東西應該齊全了吧？

　　答案是否定的。因為我們永遠無法預測在旅行的路上會遇到哪些事情。而一般生活用品，通常當地的便利商店都買得到，甚至比我們本身帶的保養品還要適應當地氣候。因此如果你問我到底該準備哪些東西？我沒有辦法給你一個標準答案。

　　在你即將踏入旅行的路上，不妨問問自己，到底哪些才是自己真正想要的，然後，一個人帶上必要的用品即可。但倘若，你百般取捨後仍是扛了 20 多公斤的行李也不打緊，因為旅行，會幫你捨棄那些你早該割捨的東西。

關於換宿中

生活成本不等於生活品質

有人僅花費了 60 天便已繞地球一圈，有人耗盡了二三十年卻仍在探索之中，而站在大自然面前的我們，又是如此的渺小，如果真有工具能丈量世界，那答案肯定會超出我們所能想像。

在沖繩換宿的日子，是讓我們用勞力去換取食宿，用雙手、用身體去感受大自然的溫度，透過雙手播種、除草、灌溉，踏進沒有路徑的樹林中，一步一步得把路踏實。在那裡不用再和同儕互相比較職務薪水，不用再遵循父母為自己安排的任何指令，不用再提心吊膽著，本就該放下的世俗規範，不用再時刻擔心別人會用怎樣的眼光來打量自己。

當肩上的包袱卸下的同時，頓時覺得自己像瘦身幾公斤似的，享受這樣小小的幸福，有時知足比減肥還難；雖然無法品嘗到高級餐廳的昂貴餐點，但能夠嘗到當地人所烹調的家庭料理；雖然無法入住高級飯店，甚至得用冷水洗澡，但你所獲得的快樂往往不僅止於這些，因為生活成本從來就不等於生活品質。在臺灣的我們，生活總是充滿著誘惑，讓慾望填滿腦內啡後，只有無止盡的貪婪在啃食心靈，於是，我們都忘記最初自己的模樣了，看著鏡子前的你，只是汲汲營營的陌生人罷了！

石垣島上的小房子

有時候把手握得太緊，會忘記什麼是擁有。如果你也是一直讓自己處於陀螺旋轉般忙碌的人兒，停下腳步吧！眼前的風景將別有一番滋味。「Carve out a little time for yourself today.」今天，留點時間給自己。

宮古島海灘

沖繩縣宮古島海景

一個人旅行

克服恐懼

　　獨自前往沖繩換宿前，要克服的難題從來就沒有停止過，在出發前擔心趕不上班機，下機找不到行李跑去哪裡，怕在人生路不熟的沖繩迷路，擔心前往換宿的雇主很黑心，擔心身上的錢不夠用，腦海中上演至少一百齣電影情節，而我們最先要學會的課題，就是克服恐懼。

　　而克服恐懼的第一件事情，就是面對。

　　擔心會在異鄉迷路，可以事先查好地圖；擔心財務等貴重物品被偷走，可以多加小心，做好防護措施；擔心日文能力不好，可以試著找可用英文溝通的雇主，將每一件令你恐懼的事情寫在紙上，然後面對它，解決它。

　　而當你踏上旅程時，你會發現很多恐懼其實都是自己給的。或許我們會在繁華的都市迷路，卻碰巧發現街道正在舉行一年一度的祭典；或許我們會遇到完全不會英文的雇主，卻發現原來透過動作和眼神也能溝通；或許我們會一時間找不到住宿，卻意外住進陌生人家中，和陌生人成為好友。在旅行的路上你會遇到許多無法預料的情況，獲得許多想像不到的收穫。

　　不小心坐過站，趕快下車循原路回去；東西在公車上被偷了，想辦法報警找回，當你擔心的事情真的發生了，你會變得相當地忙碌，根本沒有恐懼的時間。然後你會發現，任何事情都會有解套的辦法。如果我們總是因為恐懼而有所退卻，那注定會讓生命缺少很多有趣經驗。

勝連城跡

擁抱孤單

當我們獨自一人走在一個陌生的城市裡,可能連路標都看不懂的街道上,甚至連可以講話的旅伴都沒有,強烈孤單的寂寞感會一股腦兒地充斥腦袋瓜,那可能是第一次感受到孤單的時候。

而當我們費盡千辛萬苦抵達目的地,想要分享喜悅卻發現身旁空無一人,慢慢地你會開始習慣孤單,學會擁抱孤單。一個人旅行,從來就不只有一個人。

原本以為可以順利地透過換宿體驗沖繩,度過三個月假期。但因為太晚投遞履歷,導致原本要前往的雇主無法再接納新的換宿者。於是,在沖繩的第三周我便成了無殼蝸牛,只好開始上網搜尋其他可以接待我的雇主,但由於正值旅遊淡季,許多雇主都無法再多接待新的換宿者,然後上背包網站查詢最便宜的背包旅館,正擔心身上的錢不夠支

付未來一周住宿費的同時，我遇到在沖繩打工群組的友人 I，在一來一往的對話中，細細詳述我所面臨的狀況，友人 I 毫不猶豫地說：就來我家住吧！隔天我就搬進了他家。

在結束石垣島換宿，自助旅行遇上迷路時，正在拿著大張地圖找路，遇見來自澳洲的背包男孩 J，同是背包客的我們，便相約隔天一起搭船去鄰近的竹富島遊玩，還意外地認識在竹富島工作的日本女孩 N。

在一個人旅行的過程中，一路上會遇見許多人。可能是搭飛機時坐在隔壁的大叔，可能是同樣在打工換宿的姐姐，也可能是任何時候你所遇到的陌生人，只要你願意敞開心胸，誰都可以是你的朋友，誰都可以成為你的旅伴。

當你真的踏上一個人的旅程，你會發現，旅行從來就不只有一個人。

旅行後，才會發現人類的渺小

城市習慣用一幢一幢的高樓將人們隔絕起來，或許是城市阻絕了真心的互動，人們習慣冷漠以對，數不清的算計心機充斥在生活裡，單純的友誼彷彿和學生時期一同畢業般，遙遙無期。

一個人在國外流浪最幸福的事情，就是可以肆無忌憚的盡情做自己，無須戴上面具去迎合他人，偽裝成自己都不認識的樣子；在卸下武裝與內心那道高牆後，生活，就變得簡單了。

數不清的聚會

單純的去認識自己想認識的人，說自己想說的話，做自己想做的事。

所謂的學歷高低，職業貴賤，年薪多寡，外表容貌，甚至是國家等外在條件，都不再是放在天秤上衡量標準的唯一了，突然之間，你會發現那些都不重要了，畢竟那本就不足以代表一個人，一個他應該是怎樣的人。

還記得第一份在農場的工作，獨自在小木屋睡覺時，發現房內的壁虎就有 3 隻，位於床腳 10 公分的距離，有隻腳很長疑似蜘蛛的昆蟲，打開房門，迎接而來的是彈跳力十足的青蛙，門旁還有完整脫落的蛇皮，而你再也沒心思去思考，究竟那條蛻皮後的蛇，是否已悄悄成為你的室友。準備入睡的同時，蟬聲蛙鳴一高一低地唱著催眠曲，每一秒鐘都不時提醒著自己，我身處在遠離都市的樹林裡。帶著恐懼的心情入睡，期待隔天的

可愛的男孩 J 與日本女孩 N

小木屋

太陽快快來臨，那一刻你會發現，原來自己是多麼得渺小。

當你著手編織的夢想藍圖與現實不符，事與願違的情況下，你只能默默接受，大概就像某句名言吧，打開窗外的風景，有人只見了泥濘不堪的道路，卻有人看見了點點繁星的天空，或者轉個彎將結局掉換過來，答案會令你意外驚喜也說不一定，畢竟人生這事兒，總沒個正確解答。

有時候啊，矛盾是自己給自己的。

當專注於夢想的那刻，路上的荊棘不過是一時的絆腳石罷了，好比萬丈高樓也得從平地建構，在描繪希望藍圖的同時，早已料想到會有顏料沒了，顏色混濁的劣況產生，到達理想的那一瞬，那些所有令人不愉快的，便不再重要了。

笑一笑，沒有什麼過不了。微笑面對深淺不一的斑駁，畢竟夢想總是布滿著荊棘，不是嗎？

笑一笑，在旅行的每一天都很美好！

關於回來後

WWOOFree=WWOOF + free。打工換宿是一種用勞力換取食宿的方法，也是一種另類的旅行方式，透過勞力，打破以往旅行只是純粹的消費習慣，更加貼近當地生活，用雙手、用身體賺取每一餐、每一宿。

如果你問我打工換宿帶來的改變是什麼？我會告訴你，它讓我更加肯定自己的目標，更勇於追求自己的夢想。好比在換宿前，你得準備好在異鄉長時間停留，你得放棄一份

準備邁開腳步

穩定的工作，無法時時刻刻與家人團圓，與朋友相聚，你會遇到許多抉擇與割捨。而在人生的道路上，免不了總得失去點什麼，才能在未來裝得下更多。

每個人心中都有一個願望，願望大一點，執行指數困難一點的，有人叫做夢想。有的人希望自己能賺大錢，開名車，住豪宅，過著豪奢的生活，不需再為五斗米折腰，有的人希望和自己最愛的人共組美滿的家庭，過著幸福快樂的日子，有的人則是希望能發揮一己所長，做自己想做的事。

每個人都有夢想，而夢想就僅只是大一點的願望罷了，對我而言，每次的旅行，都是清空自己，再重新拼湊出一個全新的樣貌。爾後再一次的歸零，再一次收穫滿滿的回來，改變，充斥在每一趟旅程中，發現這就是讓我覺得富有的最佳證據。與其說環遊世界是我的夢想，倒不如說我是在實踐自己的任務，過想過的人生，人生是場必須履行的旅行，一路上的風景，都是最美麗的過客。

If you never try, you will never know.「鳥之所以飛翔，是因為牠從不懷疑自己的翅膀。」下一次，我想去尋找遺落在日本的那塊自己。

國家圖書館出版品預行編目資料

來沖繩過日子：WWOOF 打工換宿 / 高函郁 著.
-- 初版. --
臺北市：華成圖書，2015.09
　面；　公分. --（自主行系列；B6169）
ISBN 978-986-192-255-3（平裝）

1. 旅遊　2. 日本沖繩縣

731.7889　　　　　　　　　　　　　104011964

自主行系列　　B6169

來沖繩過日子：WWOOF打工換宿

作　　者／高函郁

出版發行／（華杏出版機構）
　　　　　華成圖書出版股份有限公司
　　　　　www.far-reaching.com.tw
　　　　　台北市10059新生南路一段50-2號7樓
　　　　　戶　　名　華成圖書出版股份有限公司
　　　　　郵政劃撥　19590886
　　　　　e-mail huacheng@farseeing.com.tw
　　　　　電　　話　02-23921167
　　　　　傳　　真　02-23225455
　　　　　華杏網址　www.farseeing.com.tw
　　　　　e-mail fars@ms6.hinet.net
　　　　　華成創辦人　　郭麗群
　　　　　發 行 人　　蕭聿雯
　　　　　總 經 理　　熊芸
　　　　　法 律 顧 問　　蕭雄淋・陳淑貞

　　　　　總 編 輯　　周慧琍
　　　　　企 劃 主 編　　蔡承恩
　　　　　企 劃 編 輯　　林逸叡
　　　　　執 行 編 輯　　袁若喬
　　　　　美 術 設 計　　林亞楠
　　　　　印 務 專 員　　何麗英

定　　價／以封底定價為準
出 版 印 刷／2015年9月初版1刷

總 經 銷／知己圖書股份有限公司
　　　　　台中市工業區30路1號　　電話　04-23595819　　傳真　04-23597123

☺讀者回函卡

謝謝您購買此書，為了加強對讀者的服務，請詳細填寫本回函卡，寄回給我們（免貼郵票）或 E-mail至huacheng@farseeing.com.tw給予建議，您即可不定期收到本公司的出版訊息！

您所購買的書名/_____ 購買書店名/_____

您的姓名/_____ 聯絡電話/_____

您的性別/□男 □女　　您的生日/西元_____年____月____日

您的通訊地址/□□□□□_____

您的電子郵件信箱/_____

您的職業/□學生 □軍公教 □金融 □服務 □資訊 □製造 □自由 □傳播
　　　　　□農漁牧 □家管 □退休 □其他

您的學歷/□國中（含以下） □高中（職） □大學（大專） □研究所（含以上）

您從何處得知本書訊息/（可複選）

□書店 □網路 □報紙 □雜誌 □電視 □廣播 □他人推薦 □其他

您經常的購書習慣/（可複選）

□書店購買 □網路購書 □傳真訂購 □郵政劃撥 □其他_____

您覺得本書價格/□合理 □偏高 □便宜

您對本書的評價（請填代號/ 1.非常滿意 2.滿意 3.尚可 4.不滿意 5.非常不滿意）

封面設計_____ 版面編排_____ 書名_____ 內容_____ 文筆_____

您對於讀完本書後感到/□收穫很大 □有點小收穫 □沒有收穫

您會推薦本書給別人嗎/□會 □不會 □不一定

您希望閱讀到什麼類型的書籍/_____

您對本書及我們的建議/

www.far-reaching.com.tw

〔華杏出版機構〕

華成圖書出版股份有限公司　　收

台北市10059新生南路一段50-1號4F　　TEL/02-23921167

☺ 本公司為求提升品質特別設計這份「讀者回函卡」，懇請惠予意見，幫助我們更上一層樓。感謝您的支持與愛護！

www.far-reaching.com.tw　　　請將　B6169　「讀者回函卡」寄回或傳真 (02) 2394-9913